JN061285

ソシオ情報シリーズ20

コロナ禍と社会デザイン

目白大学社会学部社会情報学科 編

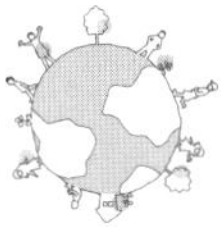

三弥井書店

ソシオ情報シリーズ20「コロナ禍と社会デザイン」もくじ

Contents

第1章 コロナの真実
――正体見たり枯れ尾花―― 林 俊郎 3

第2章 コロナ禍後の日本社会・経済はどう変わる 木村 由紀雄 37

第3章 社会デザインと社会哲学
――日本経済の現状と合同ゼミの活動を事例として―― 廣重 剛史 53

第4章 食事づくりの「参加」を主体とした地域交流活動 星 玲奈 71

第5章 ワークショップの情報化と可視化のための参加型アプローチ 森 幹彦・小山田 雄仁・前波 晴彦 89

第6章　エンゲイジメントを〝引き出す〟　藤巻　貴之　107

第7章　心豊かに暮らすための「コツ」をフィンランドから学ぶ
——フィンランド人の「モノ」との関わり方を通して——　竹山　賢　123

第8章　東南アジア諸国における男性用化粧品市場の現状と
美容サービス国際化の可能性について　柳田　志学　151

第9章　店頭でブランド再認に貢献するパッケージ
要因の研究　長崎　秀俊　171

第1章

コロナの真実

——正体見たり枯れ尾花——

林　俊郎

ソシオ情報シリーズ 20
Series of Socio Information

はじめに ―コロナよりも怖い世界恐慌―

コロナを蔓延させたグローバル化

中国の武漢で二〇一九年末から突如流行を始めた新型コロナウイルス（以下コロナ）は燎原の炎のように瞬く間に世界中に燃え拡がり、人類に未曽有の被害をもたらしている。世界が戦後半世紀余り続いた東西冷戦構造に終止符を打ち、グローバル化の道を歩み始めてから三〇年が経過した。グローバル化は人・物・金・情報だけでなく、疫病のコロナをも瞬く間に地球全土に拡散させてしまったようだ。

コロナの恐怖におののいた世界各国はコロナ対策としてグローバル化とは逆行した国境封鎖、都市封鎖、経済活動の自粛などの政策を進めている。しかし、これはアクセルを全開してグローバル経済を驀進させている最中にいきなり急ブレーキを踏むのに等しく、かえって固く国境を閉ざした狭い囲いの中で世界各国が生活苦とコロナ蔓延の二重苦に喘いでいる。

自由経済下でのグローバル化の社会は世界中の人々が相互に関連し合う世界であり、このことは地球上のどこかで起こった出来事に、いやが上にも世界全体が巻き込まれることを意味する。たとえば、二〇〇四年一〇月に発生した中越地震により新潟県のある小さな部品メーカーの工場が損壊しただけで、世界中の自動車生産がストップするほどの大惨事に発展したことがある。利益最大化をひたすら求めるグローバル化はこれまでにも格差拡大などの問題をもたらしてきたが、今回のコロナ騒動で負の側面がより一層顕在化している。世界経済はコロナ騒動でかつて経験したことのないほどの混乱に陥り、下手をすれば世界恐慌から大戦に発展する恐れさえ見えてきた。

未体験なグローバル化時代の世界恐慌

世界恐慌といえば中学時代に社会科で習った一九二九年に米国のウォール街の株大暴落に端を発した金融危機を思い出す方は多いだろう。この時に悲観した投資家が次々とビルから投身自殺するという悲劇が起こった。この事件は国際的な金融危機に発展して長く世界中を不況のどん底に陥らせ、ついに第二次世界大戦の火蓋を切らせてしまった。疲弊した経済がもたらす人命損失の大きさは計り知れないものがある。いやな話で恐縮だが、バブル経済の崩壊後日本の年間自殺者が長く三万人台を記録したのも長引く不況と無縁ではない。いずれにしても国民の寿命を左右する最大の要素がその国の経済力であり、貧困は確実に寿命を縮める。

先の世界恐慌はグローバル化のレベルが今日とは比較にならないほど低い時代の話である。コロナ騒動がこれ以上長引けば世界経済にとって取り返しのつかない事態に陥るだろう。そうなると、今日騒がれているコロナによる人的被害をはるかに凌駕する犠牲者が出ることは必定だ。すでにこれまでのコロナ騒動で各国はかつてないほどの経済的打撃を受けているが、中でも日本のこのところの景気の後退は東南アジアで突出している。医療崩壊により大量の犠牲者を出して都市機能がほとんど崩壊しかけた欧米諸国とは異なり、人的被害がはるかに少ない日本経済のこの大きな落ち込みは、コロナ恐怖の大合唱の下に国民全体がすっかり委縮して半ばコロナ鬱に陥っている証左である。一旦洗脳された恐怖を払拭することは容易ではないが、どれほど時間が掛かっても説き続けなければならないだろう。

本稿の論点

二〇二〇年十月一日段階で世界のコロナ感染者は累計で三、三〇〇〇万人、死者一〇〇万人を超えた。この一見して膨大な被害者の数は果たしてコロナの真実を語っているであろうか。コロナが出現してから九か月、恐怖の実態がおぼろげながら見えてきた。世界中がパニックに陥り、人々が異常を異常と気づかない今こそ、冷静で常識的な判断力が求められる。私は病理学とは門外漢だが、ここでは世界のコロナ情報を大局的な視座から解析した。以下はその解析結果の主な論点である。

1　幸いにもコロナの一般の人々に対する殺傷力はさほど強くはなく、季節性のインフルエンザ並みのありふれた風邪ウイルスの域を超えることはない。

2　コロナの犠牲者はほぼ重篤な疾病をもった高齢者に集中しており、乳児から壮年まで皆無である。

3　先進国で発生している大量の犠牲者の大半は、恐怖心による集団パニックがもたらした医療崩壊、院内感染、高齢者施設内感染によるものであり、予防できた死である。

4　医療環境が整備されていない開発途上国ではもともと感染症による死亡率が高い。今回のコロナによる大量死は劣悪な環境下での集団感染によるものであり、その多くは他の感染症にコロナがとって代わったにすぎず、特段全体の死亡率が上がったという確かな統計データはない。

5 コロナの出現は過度な少子高齢化に対する警告でもあるかのようだ。コロナ対策は病院や高齢者施設、持病のある高齢者に重点を置き、その他の一般国民に等しく課している自粛政策は即刻改善すべきである。

6 これ以上の経済停滞は世界恐慌につながり、そうなるとコロナによる人的被害をはるかに超える犠牲者を出すことになる。

一．コロナの毒性 ―抵抗力のない幼児にすら太刀打ちできないコロナ―

コロナとは比較にならないスペイン風邪と黒死病の膨大な人的被害

コロナによる被害が報じられる時、過去に人類を襲ったスペイン風邪と黒死病（ペスト）がよく引き合いに出されるが、これもコロナ恐怖を煽るのに一役買っているようだ。今回のコロナ禍における人的被害は、過去に起こったこの二大事件と比べるにはあまりにも規模が小さすぎる。

スペイン風邪は一九一八～二〇年に世界的に流行したインフルエンザであり、当時の人口一六億人、感染者六億人、死者二、〇〇〇万～四、〇〇〇万人という。日本でもこの時に三九万人が亡くなっているから大惨事であったことがわかる。この被害の規模を現在の世界人口七八億人に当てはめると、感染者数二九億人、死者数一～二億人ということになる。今回のコロナ禍が仮に三年続いたとしても世界の犠牲者総数は、最近死亡率が急速な低下を示していることから最大でも四〇〇万人止まりであろう。今日の世界人口がスペイン風邪流行時の四・九倍であることを考慮すると、コロナとスペイン風邪による死亡率には二五～五〇倍もの開きがあることになる。

それでは黒死病はどうだろうか。一三四七年にイタリアのジェノバに上陸した中国起源とされる黒死病は三年ほどの間にヨーロッパ全域に蔓延した。この疫病の殺傷力はすさまじく三～四人に一人の命を奪い、労働人口の急激な減少が中世の封建体制を崩し、宗教改革や農業改革を促して近代の幕開けをもたらした。ちなみに、黒死病は内出血により皮膚が黒ずんでいることから名付けられたもので、病因物質は細菌のペスト菌とされていたが、最近になって出血熱ウイルスという説が出てきた。いずれにしても黒死病の被害を今の人口規模に当てはめると死者は数十億人にもなるから、死者四〇〇万人のコロナと比較すること自体無理がある。なお、現在行われている港湾での船の検疫や、都市封鎖はこの時代の対策を踏襲しているにすぎず、防疫対策は中世の時代から基本的には何も変わっていないことになる。

世界の死者の九七%はコロナ以外

イタリアやスペインのコロナ報道では、死人の山が次々と出現しているかのように犠牲者の遺体が広いスケート場に仮安置されていることが報じられている。しかし、コロナによる人的被害はスペイン風邪や黒死病とは比較にならないほど軽微であることを先に示した。それではコロナには巷で恐れられているような強い殺傷力がないのか、その実態に迫ることにしよう。なお、民衆の耳目を集めることが最大目標とするマスコミ、それに迎合する一部専門家に医師らは「木」を見て騒ぎ立てるが、決して国民に「森」を見せはしない。そのため、彼らが発する感染者や犠牲者のデータに一喜一憂することなく、可能な限り自ら大局的な見地からそれらを評価する姿勢が望まれる。この場合の森とは世界や国全体を指す。

世界では二〇一八年におよそ一億四、〇〇〇万人が生まれ、六、〇〇〇万人が亡くなっている。年間のこの出生数と死亡数の差「+八、〇〇〇万人」がその年の世界人口の増減数を示す。毎年、地球上にドイツ規模の国が一つ誕生するほどの勢いで人口が増えていることになる。

それでは、全死亡者に占めるコロナの犠牲者の比率を推算しよう。仮に今のコロナ感染被害がこのまま継続すると年間のコロナによる犠牲者数は世界全体でおおよそ一八〇万人になり、これは年間の死者総数の三%に相当する。これをどのように評価するかである。人によっては例年よりもコロナによって三%も死者が増えたと考える人もいるだろうが、それにしてもとても死人がバタバタと出ているイメージではない。ところで、コロナによる死者が三%を占めたとしても、世界の死者がその分だけ増えるということはない。なぜならコロナによる犠牲者の大部分は重度の呼吸器疾患、心疾患、慢性腎不全、高血圧、高血糖などの病気を長年患ってこられた患者であり、運悪くコロナにより肺炎を併発して亡くなられた方々である。酷な言い方で心苦しいが、たとえコロナの感染を免れたとしてもいずれ他の要因で肺炎を併発するリスクの高い人々である。肺炎の要因がたまたまコロナにすり替わっただけで、死亡総数そのものにはさほど大きな差が出ないと考えられるからである。よって、コロナによる超過死亡はあったとしてもごくわずかであろう。このことを後で日本人のデータからもう少し具体的に解説する。

高齢化がもたらす人口爆発

二〇一九年の推計によると日本人の年間出生数はおよそ八六万人、それに対して死亡数は一三七万人である。人口が爆発的に増加している世界とは対照的に驚異的な勢いで人口が減少していることが分かる。話はやや反れるが、コロナ問題に入る前に人口問題に触れておきたい。これは大きな歴史の流れの中で「森」を正しくとらえるためにも必要な作業だ。

現在の日本人の人口はおよそ一億二、五〇〇万人ほどだが、戦後しばらくは八、〇〇〇万人にも達していなかった。人口が一億人を超したのは一九六四年の第一回東京オリンピックが終わった三年後であり、その後も人口は増え続けて二〇〇八年にピークの一億二、八〇〇万人に達した。日本人の人口が半世紀もの間増加を続けたのは出生率が上がったためではなく、寿命が飛躍的に延びて人々が死ななくなったためである。すなわちこの人口増は実質的な増加ではなく、人々の寿命が延びて高齢になるまで生き延びたことによる見かけ上の現象にすぎないのだ。日本人の寿命を著しく伸ばしたものは一九六〇年代から始まった高度経済成長がもたらした「豊かさ」であり、ほぼ同時に急速な少子化が始まっている。生あるものにはやがて必ず死がおとずれる。高齢化によってもたらされた見かけ上の増加人口はたちまち雲散霧消してしまう運命にあり、今まさにそれが始まっているのだ。この見かけ上の人口増が解消するまでの日本丸の舵取りが危惧されている。しかし、ものは考えようである。若い人のお荷物ととらえられている高齢者は純粋な消費者であり、この膨大な消費を軽々に判断してはいけない。高齢者の消費を大きな経済循環の輪の中心に取り込む必要がある。日本ほど高齢者にとって幸運な国は他にはないことは、世界一の長寿国であることからも明らかだ。多少でも余裕のある高齢者は「宵越しの金はもたぬ」の心意気で日本丸の新たな船出に貢献していただければと思う。なにしろ今の高齢者は日本の人口が増え続き、放っておいても消費が伸び続けた好景気の時代を謳歌してきた幸運な世代であり、それだけに次世代に対する責務があるのだ。

話を世界人口に戻そう。世界の人口は戦後から一貫して人口爆発と形容されるほどのすさまじさで増え続けている。しかし、この増加は人類の旺盛な繁殖力がもたらしたものではない。世界もまた、少子化が進んでいるのだ。人口問題の悩ましいところは、地球人口の増加が世界中の人々が健康で長寿に向かっていることによってもたらされたというジレンマにある。世界の爆発的な人口増加は高齢化によるもので、やがて世界人口は九〇億人台前後をピークに急速な減少期に入るはずである。その頃には世界の混乱を尻目に、日本は適正な人口規模の下、平穏な国民生活が営まれていることだろう。

日本人の死因の九九・七八%はコロナ以外

話を日本人のコロナ問題に戻そう。日本人のコロナによる犠牲者は先進国の中で例外的に低くこの八月末で一、二〇〇人、これから冬にかけて増えるとしても最悪で三、〇〇〇人程度であろう。そうすると、日本人の年間の全死者に占めるコロナの比率はわずか〇・二二%となり、先の世界の三%よりも一桁も低い。日本人のコロナによる死亡率は世界平均のおよそ一四分の一ということになる。

コロナの犠牲者の多くが持病のある高齢者であり、主な症状は肺炎であることを先述した。二〇一六年の日本人の肺炎による年間死亡者数は男女合わせて一一・九万人であり、これは日本人の死因のがん三七・二万人、心疾患一九・八万人に次いで三番目に多いものである。肺炎の病因には肺炎球菌、マイコプラズマ、レジオネラ、インフルエンザ菌、黄色ブドウ球菌に誤嚥など様々なものがあり、コロナもこの仲間の一つにすぎない。ちなみに肺炎の中で最も多いのは脳疾患などを患った患者による誤嚥性である。仮に末期の肺がん患者が誤嚥で肺炎を併発して亡くなった場合に死因を肺炎とするには無理があるかもしれない。しかし、仮にこれが誤嚥ではなくコロナが肺炎を併発する原因であったとしたらやはり死因はコロナにカウントされるだろう。二〇二〇年はコロナの流行によって肺炎による死者一〇万人のうち三、〇〇〇人、肺炎全体の三％をコロナが占めたにすぎないのだ。仮にこの比率が一〇倍に跳ね上がったとしても肺炎死がその分だけ増加したとは誰も考えないだろう。繰り返しになるが犠牲者のほとんどはたとえコロナに感染しなくても、いずれ他の要因で肺炎を発症するリスクの高い患者の方々であるからだ。

連日コロナの感染者数と死亡者数が公表されていやが上にも人々の恐怖心を煽り立てている。しかし、これを「本日の日本の死者数三、七二〇人、内コロナによる死者一〇人」、あるいは「本日の肺炎による死者三〇〇人、この内誤嚥性が一七三人、肺炎球菌七四人、マイコプラズマ三五人、コロナ一〇人、その他八人」とでも公表したならば、これほどの騒ぎにはならなかったかもしれない。マスコミが発する情報を決して鵜呑みにせず、必ずそれを大局的な見地に立って見直すという作業が必要だ。

日本人にコロナの犠牲者が少ない訳

なぜか日本を含む東南アジアではコロナによる犠牲者が少ない。その理由として東南アジアは民族的にコロナに対する未知のファクターXがあるという説がある。コロナによる被害の程度はその国の気候風土の他に複雑な社会環境などが絡んで決して一様ではない。民族間でコロナに対する耐性が体質的に異なることは考えにくいが、先進諸国と日本の被害の格差が生じた要因について興味深い報告がある。それは米シラキュース大学准教授のマルガリータ・アベによる報告で（「ニューズウィーク日本版」二〇二〇年七月二一日）、欧米では老人ホームや介護施設などの高齢者施設内感染による犠牲者だけで全体の半数近くを占め、隣国の韓国でも三五％であるのに対して日本は一四％と際立って低いことを指摘している。欧米では受診者が病院に殺到して機能不全に陥り、入院が必要な高齢者が締め出され、逆に病院から高齢者施設に戻された患者が隔離されることなく一般の入居者と同居しているという。なかには犠牲者の三三％を医療従事者が占めた国もある。先進国においてこの有様であるから、開発途上国の大量の犠牲者も原因は推して知るべきであろう。世界各国の人口一〇万人当たりのコロナによる死亡者数はベルギーの八六・一を筆頭に、ペルー八五・四、チリ六四・一、スペイン六一・四、イギリス六一・三、イタリア五六・三、アメリカ五四・九と続くが、日本はわずかに一・二八である（二〇二〇年九月二日時点）。米国では肥満者や糖尿病患者が多いことが犠牲者を増やしているという指摘もあるが、とてもそれだけでこれほどの差が出ることはない。日本の低い死亡率は感染者そのものが少ないことによる。この誇れる低い感染率は、学校や病院、高齢者施設などでノロウイルスをはじめとする食中毒対策で培われた現場職員の方々による高度な衛生管理、一般国民においては日常的な手洗いやうがい、必要時のマスク着用などの高い衛生意識が貢献していることは疑いの余地がないだろう。

コロナを出現させた高齢化社会

人類五〇〇万年の九九・八％は狩猟採集時代であり、人口はほぼ五〇〇万人を超えることはなく、疫病とはほとんど無縁であった。人類が疫病に苦しめられるようになったのは農耕牧畜が始まって人口が急増してきた一万年前以降のことである。それ以前は希薄な人口密度のため感染症である疫病の出番はなかったのだ。

マルサスの人口論にある「食糧は算術的にしか増えないが、人口は幾何級数的に増える」の例え通り、人類は有史以来食糧不足に苦しみ、飢えて疲弊した体に疫病がとり付いて人口規模の拡大を抑制してきた。この時代の疫病が主なターゲットにしたのが幼い子供たちの命である。ところが、戦後になってマルサスの説とは真逆な現象が起こったのだ。緑の革命により食糧生産が飛躍的に拡大した。その結果、地球人口の爆発的な増加と少子高齢化が起こった。コロナはこの高齢化時代の到来を待ちわびたかのように突然人間社会に躍り出てきたのだ。地球上に高齢化時代がこなかったとしたらコロナはこれほど注目されることもなければ、おそらく出番もなかったであろう。なにしろこの型破りなウイルスは抵

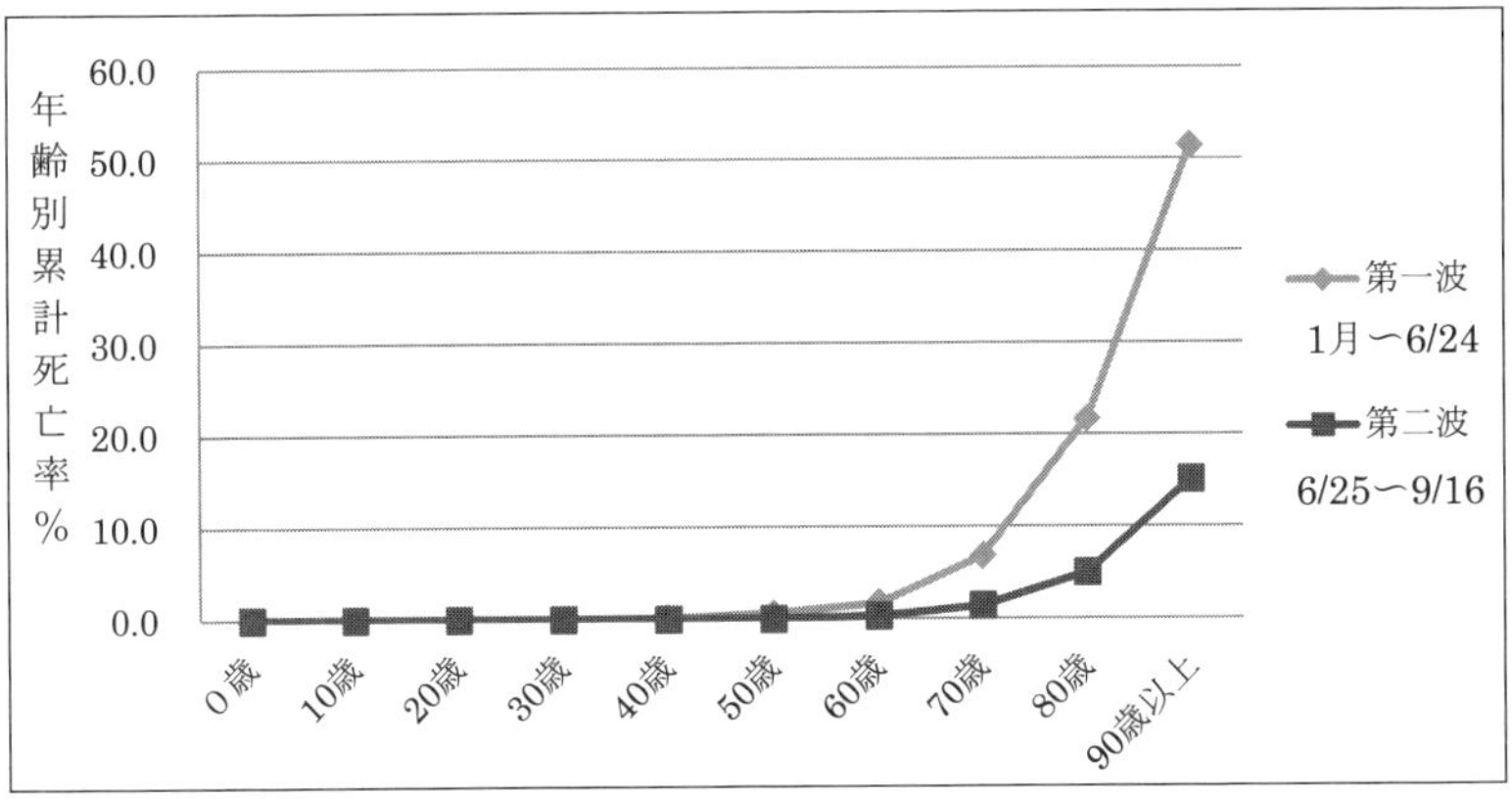

（図1）日本人新型コロナウイルス感染による年齢別累計死亡率

抗力のない幼児にすらまともに立ち向かうことができず、唯一相手にできるのは持病を抱えた高齢者だけなのだ。

図1はコロナによる犠牲者の九〇%は七〇歳以上の高齢者で占めていることを示した貴重なデータである。この元データは、二〇二〇年に厚労省が集計した日本人の一月から六月二五日までを第一波、それから九月一六日迄を第二波としてその間の感染者数、死亡数、そして感染者の死亡率（%）を年齢区分別に集計したものである。このグラフは年齢を追って死亡率が上がる様子をよりリアルに示すために各年齢層の死亡率を加算させた累計死亡率で表している。たとえば七〇歳では、六〇歳の累計死亡率に六〇歳代の死亡率を加算して示している。なお、この元データは誌面の関係で掲載できないため、詳細を知りたい読者の方は恐縮ですが厚労省のホームページの感染症統計を参照していただきたい。

第一波では感染者数一七、七五八人、死亡者数九六一人、死亡率五・四%、対して第二波では感染者数五七、六九三人、死亡者数四七〇人、死亡率〇・八%となっており、第二波では感染者を三・三倍にも増加させたにも関らず死亡者数は逆に〇・四九倍と大幅に低下させている。第一波の高い死亡率は感染者の把握漏れと介護施設内感染などによる医療現場の混乱が考えられ、これらはいずれも最も重要な初動時の検査体制の不備によるものである。第二波の著しい死亡率の低下はそれらのマイナス要因がかなり解消されたことによるが、何よりもコロナがインフルエンザよりも弱毒性であるためである。第二波では〇歳児から壮年の大人まで犠牲者は一人も出ておらず、これらの人々にとってはコロナは何ら恐れるに足らない致死率ゼロの風邪ウイルスにすぎないことを図は語っているのだ。

世界各国について第一波（二〇二〇年一月～六月一五日）と第二波（同六月一六日～一〇月六日）に分けて集計し、それらの中から主だったものを図2に示した。第一波では世界の感染者数七八五・五万人、死亡者数四三・二万人、死亡率五・五％に対して、第二波では同じく感染者数二七五一・五万人、死亡者数六一・一万人、死亡率二・二％となっており、世界全体でも死亡率が大きく低下していることが分かる。

第一波で死亡率が一八・七％と最も高かったフランスも第二波では〇・六％とおよそ三〇分の一にまで低下させており、初期には幻想のコロナ恐怖によって集団パニックが起こったことを如実に物語っている。同じく死亡率が高かったイギリスも第一波の一四・一％から第二波では〇・三四％と極端に死亡率を低下させており、これがコロナの正体である。これによって欧米人が特にコロナに対する抵抗力がないわけでもなく、日本でメディアが話題にしているファクターX説は完全に姿を消すことになるだろ

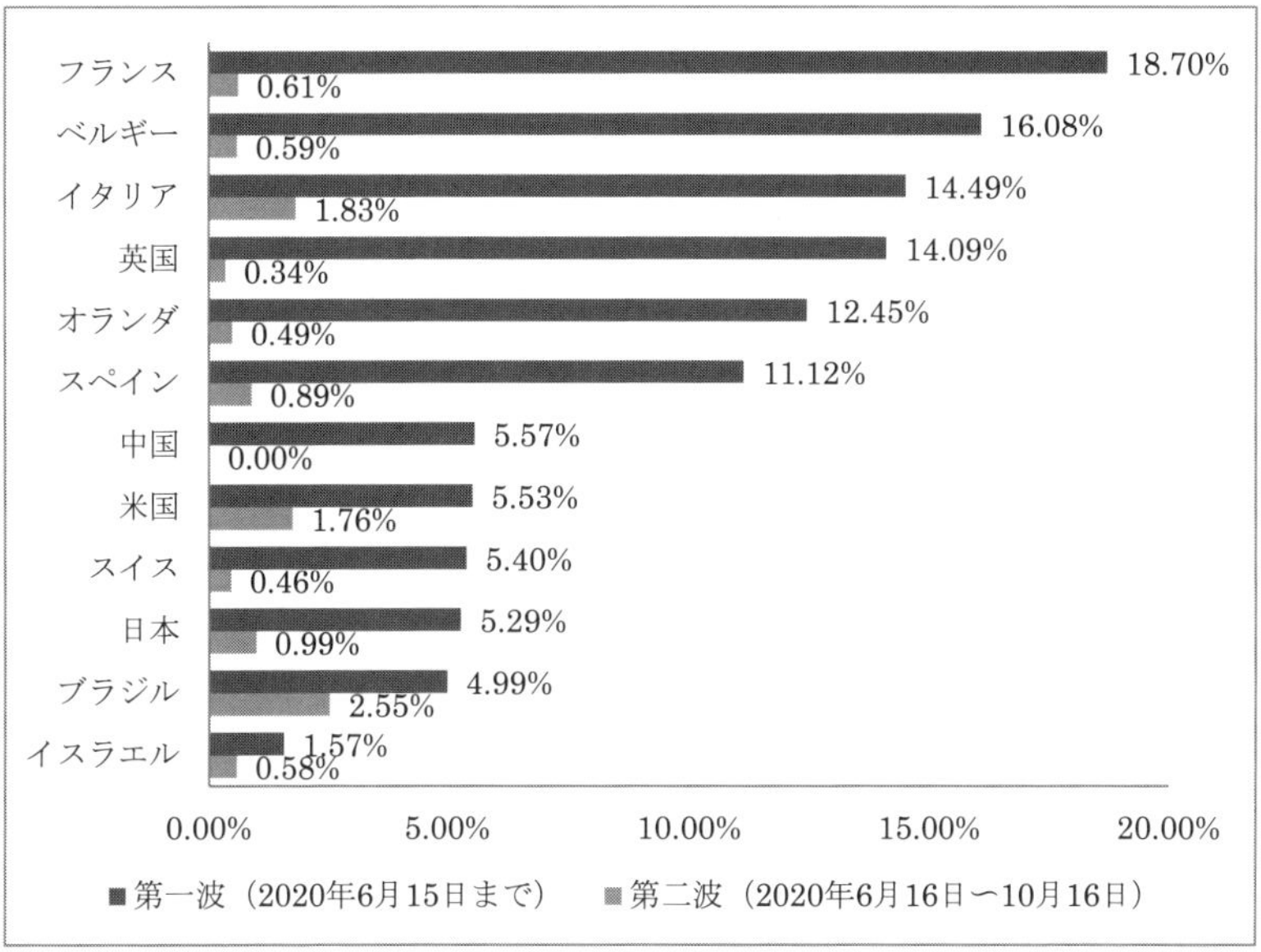

（図２）主な国の新型コロナウイルス感染者の死亡率

う。他のヨーロッパ諸国も軒並み死亡率を大幅に低下させており、むしろ日本の方が高くなっている。これは病院や介護施設の感染防止に対する国の検査体制がなお整備されていないことによるもので、ここを徹底的に改善すればコロナによる犠牲者は限りなくゼロに近づく筈である。

ヨーロッパでは寒気が増すドライシーズンに入った一〇月末から各国で感染者が爆発的に増え始めてきた。フランスでは一日の感染者が四万人を記録し、各国が緊急非常事態宣言を発動させて再びロックダウンなど経済活動の規制を始め出した。しかしこの対応は初期の集団パニックによる医療崩壊を再燃させるようなものである。幻想の恐怖の時期とは異なり、今やコロナは一般の人々にとって何ら恐れる必要のない自然に治癒する風邪ウイルスにすぎないことを人々に知らしめて医療崩壊をなんとしても阻止しなければならない。このまま感染者が増える度に同じ過ちを繰り返していたらいよいよ世界恐慌は免れないことになるだろう。

コロナ検査については後述するが、その是非についても問われなければならないだろう。検査が本当に必要だった時期は初動時であり、今では病院や介護施設の感染防止にこそ必要であるが、一般の人々にとっては混乱の元ですらある。一般に拡大させても感染者数の増加抑制にはつながらないことははっきりしてきた。いたずらに人々の不安を煽って医療現場を混乱させることだけは避けなければならない。

二．明暗を分ける基礎体温 ―なぜ子どもはコロナに強いのか―

特殊なコロナとサーズ

コロナによる犠牲者が高齢者に集中し、若い人々からはほとんど出ないのはなんとも不思議な現象である。これについてテレビに出演していたある専門家は、「子供は抵抗力がないためによく風邪を引くが、これによってコロナに対する抵抗力ができているためではないか」と意味不明な解説をしていた。要するに原因はまったく分からないということだろう。実は、風邪ウイルスに感染しても幼い子供たちにはほとんど症状が出ず、高齢者から多くの犠牲者を出すという今回のコロナに似た事例が過去にあった。それは、二〇〇二・三年に突如出現したサーズコロナウイルスだ。この時に多くの子どもが感染したにもかかわらず、彼らからは被害がほとんど出なかった理由は今もって不明ということである。風邪ウイルスに感染すると年齢を重ねるにしたがい症状が軽くなるのが一般であり、コロナとサーズは特殊なケースである。

コロナとは対称的に高齢者からは患者がほとんど出なかったケースとして思い出されるのは二〇〇九年四月にメキシコで発生した幻の新型インフルエンザである。記憶にある方も多いと思うが、このウイルスは瞬く間に全世界に伝播した。日本ではその年の五月には流行が始まり、学級閉鎖が相次ぎ、修学旅行も全国的に取り止めるなど主に学校現場が大混乱に陥った。この時の感染者は子供たちに多く、なぜか高齢者は少なかったが、それには訳があった。騒ぎが沈静化してしばらくした後になって、あれだけ恐怖を煽った厚労省が驚いたことに「あのウイルスは季節性のインフルエンザよりもはるかに毒性が低く、しかも新型ではなくごく一般的なインフルエンザである」という内容を公表したのだ。この新型インフルエンザ？の感染者が高齢者から極端に少なかった理由は、彼らは過去にこのウイルスに遭遇していたからである。このウイルスは新型でも何でもない、あの騒ぎはまさに茶番であったのだ。

子供に比べて大人ではインフルエンザに感染しにくく、たとえ感染しても軽症で済むのはすでにそのウイルスに対する免疫を獲得していることに外ならないのだ。一方これとは対称的に、人間社会に突然出現してきたコロナに対しては年齢にかかわらず全員未体験であり、免疫力をもたない点では子供も高齢者も条件は同じである。それにもかかわらずコロナはなぜインフルエンザとは対照的に子供たちにはやさしく、高齢者には無慈悲な振る舞いをするのか。私はこの明暗を分けたものは、基礎体温の違いではないかと考えている。インフルエンザを例にしてこの「基礎体温説」を解説しよう。

温度に支配されるウイルス

生物の活動がいかに温度によって厳密に制御されているか、長年細菌を研究してきた私にはそのことがよく理解できる。ウイルスもその例外ではなく、それぞれのウイルスが適応できる温度範囲は狭い。インフルエンザは体温よりもやや低い三三〜三四度の鼻・喉・肺など呼吸器の粘膜細胞に特異的に寄生して増殖するが、それよりもほんの少しだけ高い温度の組織ではもはや適応できないのだ。これは二〇〇種もあるという風邪ウイルスの何たるかを理解する上でも重要なポイントであるからしっかり記憶しておいていただきたい。この事実を知るだけで、マスクやマフラーを着用して鼻や首周りを温めることがいかに風邪予防に有効な方法であるかが分かるだろう。

自然の治癒力を生かしたダーウィン医学

インフルエンザに感染するとやがてウイルスが増えて喉の痛みや鼻汁に痰、くしゃみに咳、悪寒に発熱などの不快な症状が現れるようになる。これらの症状のすべてが体からウイルスを消滅させるための合目的的な生体防御反応である。たとえばくしゃみや痰はウイルスを排除するためであり、高熱を発症するのはウイルスの増殖を阻止するためである。風邪と低体温は万病の元ともいうが、この二つは表裏一体の関係にあるのだ。インフルエンザにかかった時に最も有効な治療法は、薬に頼らず十分な栄養を摂って、数日間体を暖かくしてよく眠ることである。

風邪ウイルスに感染してから治癒するまでの体の生理的変化について少し詳しく説明しよう。ウイルスの侵入を察知した白血球の一種であるマクロファージは防衛に努めるとともに、脳に敵の侵入を知らせるためのインターロイキンを放出する。敵襲の合図を受けた脳はアラキドン酸を代謝してプロスタグランジンを合成する。生じたプロスタグランジンは体温調節をつかさどる視床下部に働きかけて体温を高く設定し、全身に体温を上げる指令を発する。風邪を引くと体温が高くても全身に悪寒が走り、震えなどの症状が出るのは体温を上げるためである。体温が上がればウイルスの増殖は阻止され、生き残ったウイルスはマクロファージなどの免疫によって一掃される。体からウイルスが完全にいなくなると高い温度を平熱に戻すために発汗が起こる。やがて平熱になれば全快ということになる。

このように薬に頼ることなく人類が長い進化の過程で獲得してきた治癒力を利用した医療をダーウィン医学と呼んでいる。宇宙の摂理の下に進化してきた人類は、太陽が出ている昼間は交感神経を働かせて活発に活動し、夜間には副交感神経が働いて睡眠や成長、傷の修復が起こる。がん細胞もまたぐっすり寝込んだ夜間に増殖するが、この時に必要最少量の抗がん剤を投与してがんを効果的に封じ込める時計医学という治療法があるが、これもダーウィン医学に考え方が近いようだ。

コロナ対インフルエンザどちらが怖い

コロナに感染しても子供や青年は無症状か、あるいは発症しても軽症で済む理由について話を戻そう。大人に比べて子供がインフルエンザにかかりやすい理由は、大人は既に免疫を獲得している人が多いことで説明できた。一方、初めて人間社会に進出してきたコロナに対する免疫力はいずれの年齢階層とも持ち合わせがなく、この点では全人類とも条件は同じである。繰り返しになるが、それでは年齢によって症状に明暗を分けたものは一体何だろうか。先述したようにインフルエンザは体温よりもやや低い温度の鼻やのどに寄生して増えるが、温度を少し上げるだけで増殖が阻止される。コロナも他の風邪ウイルスと同様にこの点は共通していることは感染後の発熱症状からも明らかだろう。すなわち、すべての風邪ウイルスにとって低体温と高体温では天国と地獄ほどの違いがあるのだ。基礎体温は年齢が上がるにしたがって低下するが、一方、コロナによる症状は高齢になるほど重くなる。これを言葉を代えて言えば「子供は基礎体温が高いため軽症で済むが、高齢者は低体温ゆえに重症化する」と言い表せそうである。今のところこの私が提案した基礎体温説以外には、コロナに感染した子供が軽症で済む理由を合理的に説明できるものはなさそうである。この基礎体温説に従えば、突然流行を始めた風邪ウイルスが果たして新型であるか否かを判定することも可能だろう。

インフルエンザよりもはるかに弱いコロナ

コロナとインフルエンザの毒性を比較すると、高齢者ではコロナによる被害が突出しているが、これはコロナに対する免疫がないため起こった一時的な現象である。数年もたてば感染者が増えて免疫力を獲得し、高齢者への影響も著しく弱まり、しばらくするとコロナは二〇〇種もある風邪ウイルスの一種として目立たない存在になるはずであり、この問題は長く尾を引くことはないだろう。

コロナとインフルエンザの毒性を正しく評価するためにはまだ免疫力を獲得していない未体験の幼児について比較するのが妥当だろう。我が子がインフルエンザにかかると親はインフルエンザ脳症や肝機能不全になることを恐れる。詳細は後述するが、とりわけ脳症は致死率の高い疾病である。ところがコロナでは報道で知る限りそのようなことはなく、不顕性感染か症状が出ても軽症で済んでいる。今後の詳細な研究を待たねば早計に断定することはできないが、幼児で診る限りコロナの毒性はインフルエンザよりもはるかに弱毒性である。

三．解熱剤の恐怖

アスピリンがもたらしたスペイン風邪の悲劇

インフルエンザを体から撃退する最も効果的な手段が体温を高めることであった。そのため、インフルエンザに感染すると先述したように脳は体温中枢をつかさどる視床下部に働きかけて体温を高く設定するや、直ちに一連の体温上昇のための生理作用が作動する。ところが、そのような最中に突然解熱剤が侵入してきたら脳は一体どのようなことになるのであろうか。この課題について抗ウイルス剤タミフルの害を訴えられている浜六郎氏の著書『やっぱり危ないタミフル─突然死の恐怖』「金曜日」を参照して考えることにしよう。

一九六三年にオーストラリアの病理学者ダグラス・ライは、インフルエンザなどのウイルス感染症にかかった子供が突然痙攣や昏睡状態などの重い脳障害を起こし、肝機能の異常もともなって短期間に死亡するという症例を認め、これをライ症候群と名付けた。一九七〇〜八〇年代にかけてアメリカでライ症候群の原因を探る広範な疫学調査が行われ、ライ症候群患者の九〇〜一〇〇%がアスピリンを服用しており、アスピリンは脳症のリスクを五〇倍高めることを認めた。この報告以降、アスピリンを幼児に用いなくなったアメリカでは脳症がほとんど出なくなったという。インターネットでライ症候群を検索すると冒頭にアスピリンが出てくる。今ではインフルエンザによる脳症はアスピリンなど非ステロイド系の解熱剤によることが国際的常識になっている。日本では子供がインフルエンザになるとインフルエンザ脳症をひどく恐れるが、本当に怖いものはインフルエンザではなく、解熱剤だ。

驚いたことに、すでにスペイン風邪の時代に多くの医師がアスピリンの危険性に気づいていたのだ。アスピリンに頼らない治療を試みたアメリカの医師五〇人の当時の報告をまとめた論文が一九二一年に出ている。それによると幾つかの比較試験でアスピリン投与群は死亡率が三〇〜四〇倍と高く、疫学的調査からもスペイン風邪による死亡者の八五〜九七%はアスピリンによると推計している。アスピリンは一八九七年にドイツバイエルン社で開発されたもので一九一五年には特許が切れて安価に大量生産され、スペイン風邪の流行時には世界中の人々がそれを求めたことは想像に難くない。それにしてもアスピリンの害が再び明らかにされるのに半世紀も待たねばならなかったとは二重の驚きである。

あのタミフルがコロナ退治に使われない訳

鳥インフルエンザ騒動と新型インフルエンザ騒動は抗ウイルス薬のタミフルの出現と無縁ではない。有体に言えば、一九九八年に開発されたタミフルを売り込むためにこの二つの騒動は仕組まれたと考えている。タミフルの出現に合わせるかのように鳥インフルエンザがヒト型に変異してパンデミックが起こるというキャンペーンがWHOを上げて始まった。なぜかといぶかしく思ったが、それもそのはず、この国連組織は運用資金としてこの巨大製薬メーカーから膨大な献金を受け取っていたという。今回のコロナ騒動では、エチオピアのテドロスWHO事務局長とコロナ原産国中国との癒着が国際的に非難されているが、これも金絡みだ。話を鳥インフルエンザに戻そう。私の実家に近い京都府下にある養鶏場がスケープゴートに合い、大掛かりな捜索が入った。容疑は家畜伝染病予防法に違反したというもので、これは近隣の養鶏場に鳥インフルエンザを伝染させないために感染した鶏の肉や卵の移動を規制するというものである。ところが、この捜索劇の異様さは「家畜から家畜」ではなく、在りもしない「鶏からヒト」への感染爆発というオカルト話を真に受けたもので、これこそあからさまな法令違反であり、とても正気とは思えない行政の対応であった。養鶏場の鶏や卵、糞の処理に、府の職員、府警、さらに驚いたことに災害防止法を適用させて自衛隊の出動を依頼して五日間に及んで延べ一七、〇〇〇人を動員して行った。殺処分された鶏の遺骸が深く掘った穴の中に次々と投げ込まれる様子や、宇宙服を思わせる防護服を着た衛生員が消毒して回るおどろおどろしい光景が連日テレビ画面に映し出され、国民を震撼させせずにはおかなかった。最後の仕上げは見せしめに経営者を記者会見場に引きずり出して記者が容赦なく締め上げることであったが、この時ほど正義の仮面をかぶって弱者を切り捨て、権力者におもねる醜いマスコミの正体を露呈したことも珍しい。人間としての尊厳と財産のすべてを奪われた老夫婦は絶望のあまり、この翌日に鶏舎のわきに植えられた庭木で首を吊って無念の死を遂げた。なんのためにこれほど惨いプロパガンダを仕組んだのか。まもなくして地方自治体に住民の二三%分のタミフル備蓄が勧告された。二〇〇七年までに国際市場に流れたタミフルの七五%は日本が買い占め、残りはアメリカ二二%、三%がその他となっているというからあきれる。大量のタミフルを抱えた地方自治体はなんでもかんでもタミフルをと「タミフルキャンペーン」を仕掛けた。やがて、一〇代の若者がタミフル服用直後に脳症を発症して次々と異常な死をとげて大きな社会問題になり、国は一〇代への使用を禁じた。タミフルを開発したギリアド・サイエンシズ社はイラク戦争を企てたラムズフェルド元米国防長官が以前に会長をしていた会社であり、当時も大株主であったという。タミフルの日本への導入にあたって黒い金のうわさが絶えなかったが、この度コロナの治療薬として審査もなく認可されたレムデシビルも同社の製品であり、日本の医薬行政は外国資本の餌食にされているから本当に用心しなければいけない。ところでタミフルがコロナの治療に用いられない理由に気づかれた方もおられるだろう。それはタミフルの解熱作用にあり、体温を高く設定するプロスタグランジンの合成を阻害して脳炎の発症リスクを高めることによる。どこの国からもコロナの治療にタミフルを試みた報告がなかったが、これは世界中の医師がこの抗ウイルス剤の危険性を察知している証左ではないだろうか。

四．国際比較から見えてくるもの

幻想のファクターX

コロナで不思議なことが二つある。そのひとつは高齢者を主なターゲットにしていることと、もうひとつは夏場でも感染者が増え続けたことであり、これには私も含めて意外に思われた方は多いのではないだろうか。世界のコロナ情勢について米ジョンズ・ホプキンス大学が連日感染者数と死亡数の累計を公表している。感染者数では二〇二〇年九月二日時点で多い順にアメリカ六〇三万、ブラジル三九一万、インド三六九万、ロシア九九万、ペルー六五万、南アフリカ六二万、コロンビア六二万、メキシコ六〇万、スペイン四六万、アルゼンチン四二万となっている。また、死亡数ではやはり多い順にアメリカ一八・四万、ブラジル一二・一万、インド六・五万、メキシコ六・四万、イギリス四・二万、イタリア三・五万、フランス三・一万、スペイン二・九万、ペルー二・九万、イラン二・二万となっている。しかし、人口規模が異なる国について累計データだけを一律に表してもそれ以上のことは分からない。実態を知るためにはもう一歩踏み込んだ解析が必要になる。各国の死亡数を人口一〇万人当たりで表すと再掲分を含め多い順にベルギー八六・一、ペルー八五・四、チリ六四・一、スペイン六一・四、イギリス六一・三、ブラジル五七・八、スウェーデン五六・四、イタリア五六・三、アメリカ五四・二、メキシコ四九・九、フランス四五・七、アイルランド三六・三、オランダ三五・八、イラン二五・九、カナダ二四・二、スイス二〇・四、アルゼンチン一九・二となる。これだと被害の実態がよく分かるが、これらの中に東南アジアの国は一ヶ国も含まれていない。参考までに主だった東南アジアの国について一〇万人当たりの死亡数を示すと、インド五・〇、フィリピン三・四、中国三・二、インドネシア二・七、バングラディッシュ二・六、フィリピン一・六、日本一・三、韓国〇・六となる。これらのデータから、次のことを読み解くことができる。

1　南・北半球とも死亡率の高い国は比較的寒冷あるいは雨量の少ない乾燥している国に多い傾向が認められるが、絶対ではない。一方、モンスーン気候の温暖で湿度の高い東南アジアではいずれの国も死亡率は低い。このことは、ドアのノブや手すりなどの乾いた金属に付着したコロナは数日間活性を保持するが、湿度のある衣類では数時間で活性を失うという知見によく符合する。

2　高い死亡率はいずれも院内感染や高齢者施設内感染などによる医療の逼迫に起因したものであり、欧米人がことさらコロナに弱い訳ではない。たとえば北ヨーロッパのスカンジナビア半島にあるスウェーデン、ノルウェー、フィンランドについてコロナによる一〇万人当たりの死亡率をみるとそれぞれ五六・四、四・九、六・一となっている。また、同じ北欧のポーランド五・四、ロシア一一・七である。スウェーデンとノルウェーでは死亡率に一〇倍もの開きがあり、これを民族差や地域差で説明することはできない。スウェーデンは集団免疫政策をとって防疫を疎かにしたために院内感染など医療が崩壊したことが高い死亡率をもたらした要因になっている。ノルウェーの低い死亡率は寒冷地といえども防疫がそれを克服することを示しており、これから冬季に入る日本に対するよい教訓になる。

3

東南アジア諸国のコロナの感染率や死亡率が他に比べて極端に低いことから、ファクターXや交差免疫がアジア人に備わっているという説が著名な学者から提案され、マスコミもしばしばこれを話題にとり上げている。しかし、先述したようにヨーロッパ人が特にコロナに弱いこともなければ、アジア人にコロナに対する特別な耐性能力があるわけでもないだろう。たとえば中国ではこれまでに八・五万人が感染し、内死者四、六〇〇人を出したが、これらの大半（七七・一％）はコロナの発生地である人口一、一〇八万人の武漢で発生した。武漢における一〇万人当たりの死亡率を求めると三二・五ということになる。これはオランダの三五・八に次いで高い値である。死亡率の高い国と東南アジア諸国で明暗を分けたものは集団パニックと気候風土である。武漢の高い死亡率は、医療崩壊によるものであり東南アジア民族といえども防疫を疎かにしてはならないのだ。

世界中にコロナ禍を拡散させたＰＣＲ検査

国の脆弱な検査体制に憤慨してか「全国民にＰＣＲ検査を実施せよ」という声が上がっている。しかしこれは考えものである。この検査は決して万能ではなく、見落としがあり精度はせいぜい七〇％止まりである。しかも、活性を失ったウイルスの残骸を検出して感染者でもない人々を不要な医療に駆り立てるなどこれを一般の人々に拡大すると却って問題が生じる可能性がある。ジョンズ・ホプキンス大学のデータで各国別のコロナによる死亡率が紹介されている。死亡率の高いイタリアで一三%、低い国でインドの一・八%と大きな差があるが、しかしこれはほとんど意味のない数字である。なぜならこの死亡率は感染者を分母において求めているもので、検査次第で分母はどのようにでもなる。検査数を増やして自覚症状のない感染者を掘り出せば掘り出すだけ分母が大きくなって見かけ上の死亡率は下がり、人々にいかにコロナの毒性が弱いかを認識させることに貢献したとしても、人口一〇万人当たりの死亡率にほとんど変化はないのだ。たとえばイタリアとアメリカの人口一〇万人当たりの死亡数を比較するとそれぞれ五六・三に五四・九とほとんど拮抗しているが、人口一〇万人当たりの感染者数はそれぞれ四二七人に対して一、八三八人となっている。アメリカではイタリアに比べて四倍以上も感染者を追跡しているにも関わらず、真の死亡率には何ら変わりがないことを示している。PCR検査を増やして見かけ上の死亡率を下げても、実質的な死亡率にはほとんど影響がなく、これは費用対効果の問題である。ここは発想を変えて重点主義で臨む必要がある。病院や高齢者施設の職員の定期的検査など、高齢者に接触する機会の多い施設等の関係者など、めりはりをつけた対策が必要になる。一般の人々にはコロナに感染してもインフルエンザ並みの扱いでよいだろう。ましてや生徒が数名感染したとしても全校休校や学級閉鎖などということは差別や偏見を助長するようなもので、却って子供全体の健全な育成を阻害することになるだろう。症状が出た子供には自宅療養を勧めるだけで、何ら騒ぎ立てる必要などない。特異的な体質でない限り、放っておけば自然に治るのだ。できる限り子供たちには薬も飲ませない方がよい。却って脳症になる恐れが出てくるからだ。そのためにも、できれば病院にもいかない方がよい。

誤解がないようにしていただきたいことは、医療そのものを否定しているわけでもなければ、一般の人々の予防を軽視しているのでもない。一般の人も今まで通りマスクの着用など日ごろから感染防止に努めることは当然であり、ましてや感染者が意図的に高齢者や関連職員などに感染させる行為に及んだ時には殺人罪並みの重罰を科すべきではないかと思う。コロナ対策の最大のミスは、二〇二〇年二月一日に施行した全感染者の入院を義務付ける二類相当の指定感染症の認定から始まった。そしてこの失策がもたらす医療崩壊を食い止めるために同月一七日に国民に向けて発した「一般人は四日間、高齢者や重い疾患のある人は二日間三七・五度以上の高熱が継続した人に限り帰国者接触者相談センターに連絡して指示を待つという酷な自宅待機命令である。自宅待機者に解熱剤使用の注意などの適切な指導が行われたとは到底考えられず、統計に表れない犠牲が出たことは疑いの余地がないだろう。はじめに大見栄を切って大きな花火を打ち上げたために収拾がつかなくなったのだ。最初からインフルエンザ並みに扱っておればよかったのだ。医療や施設には今以上に厳しい防疫体制を課し、一方で一般には規制を緩和するという対策は一見して矛盾に思えるが、これが最も有効で早道の解決策である。容易なことではないが、何としても成し遂げねばならない。

ワクチン幻想

オリンピックを控えた日本としては一日でも早く有効なワクチンを開発してなんとか開幕にこぎつけ

たいところだが、果たしてどうだろうか。コロナワクチンの開発はインフルエンザと同じように非常に難しい問題がある。その最大の障壁が、極めて変異しやすいという点が指摘されている。たとえば日本で最初に流行していたのが中国型であったが、次に流行したのがヨーロッパ型であり、今では北海道と沖縄ではそれぞれタイプが異なるように絶えず変異するために効果が安定しないという問題である。三〇年も前のことになるが、東北にある民間の細菌研究所でワクチンの研究をしていた友人から送られてきた医師二、〇〇〇人のワクチンに関するアンケート調査の報告書を見て驚いたことがある。ほとんど全員の医師がインフルエンザワクチンだけは有効性が期待できないと答えていた。信じられないかもしれないが、これが真実なのである。母里啓子氏の著書『インフルエンザワクチンは打たないで』（双葉社）を参照し、日本におけるインフルエンザワクチンの動向からコロナワクチンの問題を考えることにしよう。

戦後まもなくからインフルエンザワクチンは鉄道員などの公共性の高い職業人に優先的に打たれていたが一向に効果が現れないため、感染しやすい子供たちに打つことによって流行を防ごう（学童防波堤論）ということになり、一九六二年に小中学生に対して集団接種の義務化が始まったという。余談だが、この時代には一本のアンプルに五〇人分のワクチンが入っており、この時の集団予防接種での注射針の使い回しが肝炎ウイルスを全国に蔓延させ、後年、日本を世界一の肝がん大国に導く元凶となった。一九七六年にはワクチンの予防接種はさらに強化され三歳から一五歳に義務化している。ところが、接種率が上がってもインフルエンザは一向に沈静化せず、次第にワクチンの効果に疑問の声が出てくるようになった。一九七九年に群馬県前橋市で集団接種により重い副作用が出たことから同市の医師会は集団接種を止めて五年間に及んで近隣の四つの市との比較試験を行っている。その結果、ワクチンの有効性は完全に否定されることになった。一九七九年に米ＣＤＣ（連邦疾病予防管理センター）とＮＩＨ（公衆衛生研究所）の研究員が来日、世界で唯一子供への集団接種をしていた日本の実情を調査した。調査団はその有効性がまったく認められないのに驚き、日本では「空想的な効用」に期待して毎年子供たちに接種していると名の知られた専門誌に報告したという。その後全国で発生した副作用を巡る裁判で国は相次いで敗北し、ついに一九九四年に予防接種法を改め子供への摂取義務を廃止したためにワクチンの製造も三、〇〇〇万本から三〇万本と消滅寸前まで落ち込んだ。ところが関係団体はターゲットを子供から高齢者にシフトさせ、二〇〇一年に再び予防接種法を改正させ、六五歳以上の高齢者に予防接種を推奨することになりそれは高齢者施設職員にも及んだ。その後もタミフルとワクチン接種を意図した鳥インフルエンザに新型インフルエンザ騒動が勃発し、国民はすっかりインフルエンザ恐怖症に陥ってしまった。つい最近、これから冬に向かってコロナとインフルエンザの重複感染防止のために、インフルエンザワクチンの接種対象者に優先順位をつけるということが報じられた。しかし、これは有りもしないワクチンの効能をあたかもあるかのように洗脳させるとともに、国民を接種に駆り立てるための見え透いたプロパガンダにすぎない。

ワクチンはウイルスを無毒化するために、ウイルスの断片を用いてつくる上に変異しやすいため、その有効性は未だに認められていないのが実情である。欧米では新しい医療や診断を導入するにあたって比較ランダム試験を行うことが義務付けられているが、インフルエンザワクチンについて未だにそれを実施しないのは、有効性が認められないことを察知している証左でもある。母里氏は、ワクチンは血液中に打つために、鼻やのどの粘膜には抗体はできず、感染予防にはつながらないと決定的な指摘をされている。この説はインフルエンザの低い増殖最適温度からも指示されそうである。そもそも毎年打たなければならないインフルエンザワクチンはもはやワクチンではないのだ。先述した幻想の新型インフルエンザは二〇〇九年に七六年振りにブタから人間社会に出現したものであり、高齢者はこの間も抗体を保持していたのである。変異しやすい為に新たなワクチンを開発しなければならないという主張はワクチンビジネスの為の詭弁にすぎないのだ。以上はインフルエンザワクチンについての話だが、コロナについても大同小異であり、ワクチンの開発はできても有効性には限界があり、気休めにすぎず、いたずらに業界の餌食にされる公算が大きいように思われる。大多数の人にとってコロナは感染してもそのまま放っておけばやがて自然に治る。コロナに対する最も有効なワクチンがコロナ自身であり、それが沈静化の早道でもあるのだが。

終わりに

この度のコロナ騒動でいやというほど日本の脆弱性を思い知らされた人は多いと思う。残念ながら、これがこの国の実態である。私はこれまでに専門の微生物学の他に、ダイオキシンや乳児栄養、ハンセン病、薬害エイズ、肺がんなどの社会問題についても手掛けてきた。今もって思い出されることは、さまざまな社会現象・騒動の背後には必ずといえるほど利権が絡んでいることである。なかでも幼い子供を人質に取って親を恫喝するかの手法は悪質であり、それらはおもに利権目的に旧厚生省によって行われてきた。旧厚生省は二十世紀末にトップの事務次官が収賄罪で起訴されたのをはじめ様々な失態が発覚し、解体寸前までいったところ省名を厚労省に改めることで矛をおさめたように思われる。しかし、内実は相変わらずであり、一向に改善の兆しは見えてこない。ここは思い切って厚労省を解体して、抜本的に立て直す必要があるだろう。菅新内閣は、重要政策の目玉に縦割り行政の弊害の是正を掲げたが、その成り行きを注視したい。ウイルスで思い出されるのは、がん研究者として第一号のノーベル賞学者になったアメリカのペイトン・ラウス（一八七九〜一九七〇年）のことである。彼はまだ三〇代前半の頃に、鶏にがんの一種である肉腫を発生させるウイルスを発見した。ところがこのがんウイルスは哺乳動物にはがんを発生させないことから、例外的な現象と黙殺されてしまった。彼はその後数十年に及んでこのがんウイルスをなんとか哺乳類に感染させようと涙ぐましい努力を続けたがついに成功させることはできなかった。恐竜を祖先にもつ鳥のウイルスを哺乳類に感染させることはそれほどに難しく、ましてや鳥インフルエンザウイルスがヒト型に変異していきなりパンデミックが起こるというようなことはあり得ないというのがウイルス学者の国際的な見解ではないか。先年、日本から派遣されているＷＨＯの研究者のある女史がテレビに出演して、鳥インフルエンザがヒト型に変異して明日にもパンデミックが起こるとヒステリックに煽った。あれから一〇年が過ぎたが一向にその気配はない。都知事選を直前に控えてロックダウン、東京アラート、夜の街と散々にコロナ危機を煽って再び都知事の座を勝ち取った女史がいるが、その煽りを受けて途端の苦しみに喘いでいる方々への手当が大変である。

最後に、高齢者の方々を傷つけるような言動をしたかもしれないが、私も高齢者の一人である。長く糖尿病と付き合ってきたためかこれまでに二度肺炎にかかったことがある。一度目は一〇年ほども前のことで、二週間の強制隔離入院を余儀なくされた。次にかかると三度目の正直ということになりそうだが、それまではなんとか自治して、その時がきたら一切を後進に託して自然の流れに身を委ねたいと思う。

第2章

コロナ禍後の日本社会・経済はどう変わる

木村　由紀雄

はじめに

私は目白大学を定年退職して、現在は悠々とまではいかないが、自適の身である。コロナだからなるべく家にいるように、と政府や県知事からいわれなくても、自宅でテレビ、書籍、インターネットなど、ＩＴ時代の情報源を利用して問題状況を毎日、観察して過ごしている。その結果をもとに、コロナ禍後の日本社会や日本経済はどう変わるだろうか、現在、自分なりに考えていることを述べてみようと思う。

一・新型コロナウイルス恐るべし、ただ戸惑う日本国民

二〇二〇年、令和二年が始まった時、誰が新型コロナウイルス感染の日本全土への拡大、社会の大混乱招来を想像しえただろうか？　新型コロナウイルスの発生地とみなされる中国・武漢市で感染が急速に広がってきたため、街をロックダウン（都市封鎖）し、市民を二カ月半の外出禁止にしたのは一月下旬のことであった。このニュースを聞いても、国民の大半はどこか他人事と思っていたのではないか。

ところが、二月に入ってダイヤモンド・プリンセスというクルーズ船が横浜港に帰着してきた時、船内に新型コロナウイルス感染者が確認されたとして、日本政府は感染拡大を防ぐため、乗員乗客を二週

間、船内で待機させ、検疫を行うことを決定した。乗客は日本人以外も多かったため、強制的な船内と
め置きは多くの国々との外交問題になりかねない事態となった。

クルーズ船に続いて、日本本土でも中国人観光客や中国からの帰国者などから新型コロナウイルスの感染が広がり始めた。病院、介護施設、乗物、飲食店、ライブハウスなど人の集まるところで感染拡大が相次ぎ、クラスターという言葉とともに全国へ広がっていった。

新型コロナウイルスは、感染力が強く、糖尿病、心臓病などの疾患を持つ人、免疫力の落ちた高齢者は重篤に陥りやすい。まだ治療薬、ワクチンが開発されておらず、感染した患者は隔離して、自然治癒を待つだけだ。ただ、致死率は通常のインフルエンザと比較しても特別に高くなく、子供や青年層は感染者が少ないという。しかし、感染症状が出てない人からも感染する可能性があり、どこから誰から感染するか、わからないのである。これは新型コロナウイルスの最も恐ろしい点であろう。

二月末頃には、感染病に対処する国際機関WHOから新型コロナウイルスの四大感染国として、中国、イラン、韓国、そして日本が挙げられるまでに至った。イラン、韓国は宗教施設へ信者が密集することが感染拡大の主因であった。感染者数トップの中国は、発生地武漢のロックダウン、増加する患者数、死者数など、長期化する自宅待機に耐える市民、特に、医療施設の悲惨な状況を伝える映像が全世界に衝撃を与えた。

政府が感染拡大の防止策をとれば、何らかの形で国民の行動の自由を規制、制限することが避けられないため、法的措置をとる必要があった。そこで、二〇一二年に制定されていた「新型インフルエンザ

等対策特別措置法」（特措法）を改正し、三月一四日施行された。四月上旬に出された「緊急事態宣言」はこれに基づくものである。

しかし、政府は感染の急速な拡大、国民の不安の高まりを背景に、特措法を待たずに、いきなり全国の小中高の学校に一斉臨時休校、大規模イベントの中止を要請した。安倍首相がテレビで直接、国民に行動の自粛、制限を要請するのは前代未聞のことであった。これを受け、全国のほとんどの学校が年度末の多くの行事を中止して長期休校に入った。またエンターテイメント、スポーツ、芸術など各種イベントも延期、中止の表明が続出し、行う場合も無観客試合とするなど驚くべき事態へ展開していった。

中止の話は多くの国民にとって狐につままれたような感じであったが、全国的に関心の高い選抜高校野球大会の中止決定は事態の深刻さを実感させた。まさかが本当になってしまったからである。そして、中止話の頂点は三月二〇日に発表された東京オリンピックの一年延期決定であったといえよう。また、志村けん、岡江久美子といった有名人がコロナに感染して、急死したというニュースもショッキングであった。

この間に、広く国民の関心を集めたのが、感染したか否か、を判定するＰＣＲ検査体制の強化・拡大問題であった。これに対し政府、自治体の対策はどこか頼りなく、はっきりしないことも不安を増幅する作用を果たした。日本国民にとって、正に新型コロナウイルス恐るべし、となったのである。

日本全国の感染者数は四月をピークに、減少傾向に転じたため、国民の行動制限も都道府県によるレベルの違いはあるが、徐々に緩和の動きが広がってきた。しかし、七月には感染者が再び増加に転じ、第二波の到来を印象づけた。このため、中止と決まった多くのイベントが復活・再開までには至らなかった。ただ、感染者数は確かに増えたが、重症者、死者の増加ペースは高まらなかったため、新たな制限・規制措置は限られていた。

そして、九月には第二波も衰えてきたが、さらに第三波、第四波の到来もありうると多くの専門家は唱えており、新型コロナウイルスへの警戒は弱まってはいない。新型コロナウイルスとの闘いは長期戦になると、多くの人たちが覚悟を決めたようだ。

一方、世界の感染動向を見ると、二月に日本など四カ国が感染大国と指摘された後、急速に感染が拡大してきたのは、イタリア、スペイン、フランス、イギリス、少し遅れてロシアなどヨーロッパの大国であった。中国からの観光やビジネスを通じたウイルス流入が原因と指摘されている。欧州の特徴は重篤者、死者の多いことで、病院や高齢者施設などで集団感染が続出した。

イタリアやスペインでは医療崩壊の危機的様相が伝えられ、先進国らしからぬ窮状を露呈した。それでも政府の強力な規制、医療関係者のがんばりで日本と前後して感染拡大は止まった。しかし、夏場になってヨーロッパも第二波到来となったが、日本の第二波と同様に、第一波よりも感染力が弱く、特に死者数が低レベルにとどまっているため、危機感の高まりは第一波の時ほどではない。

また、中国、韓国は第一波で完全に感染の抑え込みに成功したと評価され、感染大国から退いていき、他国の感染防止対策の支援に乗り出した。

ヨーロッパの後に一気に感染大国となったのが、アメリカ、ブラジル、メキシコなど南北アメリカ、そして、インド、パキスタンなど南アジアである。秋を迎える時点で、これらの諸国の感染の勢いは少し衰えた程度で、ピークアウト感がみられない。アメリカ、ブラジル、インド、メキシコは死者数も突出して多くなっている。

世界全体では、九月末で感染者三、三〇〇万人、死者一〇〇万人に達しながら、まだＷＨＯが収束の気配なし、と危機感を緩めないのもこうした感染大国の動向のためである。

二．感染拡大防止で社会・経済活動停止という大ショック

新型コロナウイルスの感染経路は人から人へのみ、であるから、感染拡大を防ぐためには、とにかく人間同士の接触を減らすことが肝要である。三密（密閉、密集、密接）回避をスローガンとして、人間が集まる機会を減らさなければならない。集まる場合も、ソーシャル・ディスタンス（二メートル、とされる）を保つべし、となる。それは企業、役所、学校、各種施設などの活動、運営を縮小、停止することを意味する。政府、地方自治体は正にこれらの活動の自粛、活動時間の短縮を要請した。

政府の前代未聞の要請に国民は素直に従い、多くの企業が従業員に在宅勤務・テレワークを指示し、企業設備の縮小、休止といった措置をとり、従業員が交通機関を利用する出勤行動を減らした。対人・対面サービス労働が中心となる産業（飲食、旅行・宿泊サービス、文化・レジャー施設、公共施設など）では、営業停止、設備閉鎖を決断、国中にいわゆる自粛ムードが広がっていった。学校はすべて臨

時休校に入ったが、休日も「不要不急」の外出を控えること、という呼びかけが行われ、特定の場所に人が集まらないようにした。小池・東京都知事は、「夜の街」に対し、たびたび営業自粛を呼びかけた。深夜営業が中心の歓楽街は密集の象徴であり、感染拡大のクラスターが発生していたからである。深夜営業専門業者が深夜に営業できず、宵の口で店を閉めることになった。

二〇二〇年（令和二年）三月以降は、社会・経済活動の停止という、大半の国民にとって未経験の極限状況が訪れた。会社に出勤する社員は減少、通勤電車やオフィス街では人影がまばらとなり、交通の要所やオフィス街に林立する飲食業、サービス業のビジネスは一気にどん底へ突き落とされた。

特に、ウイルスの伝播を防ぐため、ほとんどの外国との出入国が禁止されたため、近年、外国からの観光客に頼っていた観光・旅行業界は売上げが前年比九〇％減といった壊滅状態になった。そして、すぐに従業員解雇、失業者の増加という雇用問題が深刻になってきた。

逆に、在宅で仕事をする会社員が増え、テレワーク用器具、家庭料理食材などの需要が盛り上がり、郊外立地の販売業者は、近年の低調な業況を覆す繁盛ぶりと、都心と郊外の明暗が分かれた。

社会・経済活動の停止は、当然ながら経済統計に恐るべき数字となって表れた。月単位では三月から各種経済活動の急激な低下が始まったが、総合指標のＧＤＰ（国内総生産）は四半期単位であるため、まず四―六月期に歴史的落ち込みを記録した。実質ＧＤＰは前期比年率二八％の減少で、一〇年前のリーマン不況を上回っており、コロナ大不況というほかはない。

ただ、経済活動の規制、制限は先進国、途上国を問わず行っており、ＧＤＰの激減は各国共通の事態であり、アメリカやEUの減少率は日本を上回った。ところが、中国は一足早く一月から社会・経済活動の規制を始めており、四月以降は規制の効果で感染拡大が止まったとして、逆に規制を緩和、解除へと進めていた。この結果、中国の四―六月期のGDPは世界で唯一、前年比でプラス成長となった。

日本政府は大不況必至を覚悟しており、しかもその主因は消費需要の強制的な抑え込みであることは自明であったので、「緊急事態宣言」に合わせて、需要不足をカバーするために、超大型補正予算を組んだ。レジャー、観光・旅行、交通、外食など営業活動の制限で大打撃を受け、経営危機に陥った業界を資金面から支援する施策が中心であった。また、こうした業界で働く勤労者だけでなく、多くの国民が所得減少に見舞われたため、全国民に個人単位で特別給付金という現金を直接給付することも決まった。国民に直接現金を給付することは、経済政策としては異例だが、緊急事態への対応として、日本だけでなく、他の国々でも行われた。

国民が政府の要請に従った効果が出て、日本国内の感染ペースは徐々に落ちてゆき、緊急事態宣言は一カ月後に解除された。社会活動、経済活動の制限は少し緩和され、消費需要の戻りが少し伝えられるようになった。この結果、七―九月期のGDPは一転して数字上は、高い成長率となることが見込まれ、経済活動は四―六月期が底となることが確実になってきた。

しかし、新型コロナウイルスはいったん感染ペースが落ちても、また盛り返すリスク＝第二波の到来が予測されており、正に七月に入ってやってきた。そうなると、政府は、社会・経済活動の制限を緩和しておきながら、いろいろと消費者行動に注文をつけざるをえないのである。それゆえ、需要回復テンポはさほど強まらないのではないか、そして、こうした事態は今後も繰り返し起きるのではないか、国民には落ち込んだ大不況からの脱出は容易でないという不安が広がってきているように思われる。

この突然かつ異例の大不況は、単なる経済問題にとどまらないことを多くの国民に告げ、測り知れないショックが強い恐怖心となって社会に沈殿してきているのではないか。

三．新しい生活様式はどこまで広がり、定着するか

「緊急事態宣言」による行動規制の緩和、解除は、政府によって新たな行動様式が提唱され、国民がそれに従うことを求めるものであった。それをニューノーマルと呼んで、これからはそれが日常になるとされた。ニューノーマルになるのは、国民の「くらし」と「しごと」である。新型コロナウイルスの感染は長期間続く問題であることを自覚し、ウィズ・コロナで生きるという、ニューノーマルに基づいて日常生活を送ろう、というのである。それによって、感染防止と経済活動の両立を図ることになる。新たな行動様式とは、三密（密閉、密集、密接）を回避して、ソーシャル・ディスタンス（隣人と二メートル離れる）を保って行動する。外出する際には、常にマスク姿、出入りの際には消毒、手洗いを欠かさない。

現代の「しごと」場の中心である企業では、在宅勤務、テレワークが推進され、従業員の本社・事業所への出勤は少数に抑えられる。通勤苦から解放される従業員が多くなる。従来通りに出勤してくるの

は、従業員の仕事・業績を評価し、組織を統率、監督する立場の管理職である。会議や各種の行事はすべてモニター画面上で行われる。オンライン会議、オンライン入社式、オンライン表彰式、といった具合である。

もちろん、ニューノーマルで完結できる企業経営の姿について、業種、地域の特性による事情の相違があるため、一色で描くことはむずかしい。地方立地で、従業員の少ない企業にはニューノーマルは不要かもしれない。しかし、マスク、手洗い、消毒は全国に定着していくだろう。

問題は、仕事のニューノーマルがどこまで広がるか、である。企業と従業員がともにこの方向をよいと受け入れれば、これはどんどん広がっていくだろう。

企業についていえば、多くの企業がこの方向を不可避と考え、覚悟を決めたようだ。代表的コンピューター・メーカーは、オフィスは基本的にテレワークとし、社員の通勤は全廃の方針、オフィス面積を半減させることを発表した。これに似た構想を発表する企業が相次いでいる。企業はやはり新型コロナウイルスは短期では収束せず、長期化すると踏んでいるのである。仮に現在のコロナウイルスが収束しても、ウイルスというものの特質からして将来も何年置きかに次々と新型ウイルスが発生してくる可能性があると専門家が予想していることもあろう。

企業経営はいかにしてテレワーク社員の能力を引き出し、それを結集して経営力を高めることができるかが問われることになろう。

一方、社員はニューノーマルになじめる人となじめない人に分かれることが予想される。なじめる人は自分の裁量、意思決定の広がりに快感を覚え、働く意欲を駆り立てられるタイプであろう。このような人は首都圏に住むことにこだわらず、住環境のよい地方の生活を選ぶかもしれない。「くらし」の仕方を変えてしまうのである。テレワークの時代には会社を変わることなく地方で生活することが可能になる。

さらにいえば、地方に住もうという人が増えれば、いわゆる首都圏（東京）一極集中が是正される契機となりうる。日本社会・日本経済の宿痾とみなされてきた一極集中に歯止めがかかることになれば、ニューノーマルが国民の「くらし」を改善させたと評価されることになろう。

では、ニューノーマルになじめない人はどうなるか。テレワークに向かないのは対人・対面サービスの仕事である。ニューノーマルになじめない人は、そうした分野に転職するという選択をするケースが増えてくるのではなかろうか。ニューノーマルは勤労者の産業間移動を増加させるだろう。

〈表〉にみるように、産業別の就業者数は、二一世紀の低成長時代になっても、結構、変動がはげしい。オフィス、事業所で働く就業者は減る傾向にあり、増加の目立つのが保健衛生・社会事業、専門・科学技術、業務支援サービス業、情報・通信業などであるが、テレワーク嫌いの人も新しい仕事につける可能性は十分にある。

〈表〉経済活動別の就業者数　（単位：万人）

経済活動の種類	2000 年度	2010 年度	2018 年度
1. 農林水産業	382.5	297.6	267.3
2. 鉱　　業	7.0	4.3	3.9
3. 製　造　業	1,229.0	1,066.1	1,035.2
（1）食　料　品	161.5	162.2	156.3
（2）繊維製品	103.6	54.7	48.3
（3）パルプ・紙・紙加工品	31.5	25.1	24.0
（4）化　　学	42.3	44.0	46.9
（5）石油・石炭製品	3.4	3.3	3.4
（6）窯業・土石製品	48.3	35.1	33.6
（7）一次金属	47.3	50.2	49.6
（8）金属製品	105.1	90.3	91.3
（9）はん用・生産用・業務用機械	159.5	139.1	141.0
（10）電子部品・デバイス	72.6	59.5	51.7
（11）電気機械	82.4	65.6	64.8
（12）情報・通信機器	38.6	26.9	16.2
（13）輸送用機械	107.0	129.4	139.7
（14）その他の製造業	225.9	180.6	168.2
4. 電気・ガス・水道・廃棄物処理業	59.0	59.7	58.1
5. 建　設　業	634.0	504.8	499.6
6. 卸売・小売業	1,128.2	1,168.5	1,160.1
7. 運輸・郵便業	363.4	406.2	401.7
8. 宿泊・飲食サービス業	452.7	411.5	438.4
9. 情報通信業	145.8	177.9	195.2
10. 金融・保険業	175.8	174.2	172.1
11. 不動産業	107.4	99.6	116.5
12. 専門・科学技術、業務支援サービス業	493.4	491.7	629.5
13. 公　　務	209.5	195.4	195.9
14. 教　　育	195.8	190.7	189.3
15. 保健衛生・社会事業	457.9	696.3	871.8
16. その他のサービス	532.2	609.5	644.7
合　　計	6,573.7	6,554.0	6,879.0

出所：内閣府「国民経済計算年報」

四．大学、学生生活、就活はどうなる

新型コロナウイルスの感染拡大が国民生活に与えた影響を考えた時、小中高の生徒、大学生が一番割を食ったのではないかと思われる。

今年三月、年度末が迫っていた時点で、突如、安倍首相から臨時休校の要請が出て、行事を中断、中止となってしまった。四月からの新年度になっても長期間、休校が続き、入学式も中止、新入生は新しい同級生たちと顔をあわせることもできない。何たる不運、理不尽であることか。

本来、生徒、学生は新型コロナウイルスの感染リスクが小さいと認められていたにもかかわらず、生徒たちを感染から守るとして、いささか強引な休校（大学は閉鎖）措置が採られた。その間、文科省の発言もブレたが、国民の反発はさほど大きくなかった。その理由は世界の大半の国で休校措置が採られていることが伝えられていたからだろう。

大学閉鎖中、大学生はオンライン講義が主流となったが、上級生はほとんどがパソコンを持っているだろうが、新入生はどうだっただろうか。新たに購入せざるをえなかった人が多かったのではないか。地方から大都市に出てきて下宿を始めた人は大きな負担であっただろう。

小中高はelearningの進んだ学校のみがオンライン授業をやれただろうが、極く少数に過ぎず、ほとんどの学校が昔ながらの宿題方式で、親の負担が増し、家庭内にストレスがたまるばかりであったろ

う。共働きが普通となっている現在、母親たる主婦の苦労はいかばかりか、と推察される。

短い夏休みが終わって、小中高は三密回避、ソーシャル・ディスタンスの実行、マスク、消毒、手洗い励行というニューノーマルで学校再開となっている。生徒たちが登校するという当然のことが持続するように祈らずにはおれない。九月に発足した菅内閣ではデジタル庁を設置する構想を明らかにしているが、おそらく小中高のelearning推進をデジタル化目標の一つに掲げるのではないか。

大学は二〇年度下期はオンライン講義と対面講義の併用のようだ。学内で感染クラスターが発生した大学では、関連施設の閉鎖措置をとっているが、これが大きく増加することはあるまい。オンライン講義と対面講義の比率は大学学部では、やはり対面講義の多いほうが望ましいと思う。オンライン講義は大学院以上で、遠方に住んでおられる大学者のハイレベルの講義に限るべきではないか。学部学生は同じ教室で対面講義を受け、互いの存在を認識することが重要なのではないかと考えるからである。

大学生には必ず就活が待っている。これからも大半の学生は企業への就職を希望していることだろう。一部の自営業のように親の仕事を引き継ぐケースは現代では稀であり、企業に就職せざるをえない。嘆いても始まらない。その企業がコロナ禍を契機に大きく変わりつつあるのだ。何と普通のサラリーマンの仕事がテレワーク、在宅勤務になり、会社へ出勤する必要がなくなるというのだ。仕事はすべてパソコンで済ませ、それをまとめ役（通常は上司）に送信すれば終わりである。打合せ、会議などもパソコンのモニター画面上で行われる。勤め先の会社とは文字通り仕事を通してのつながりでしかなくなる。

サラリーマンは専門の仕事を持ち、彼、彼女でなくてはダメだという評価を獲得しなければ、自宅で一人安心して働くことができないだろう。その意味では、きびしい時代になるといえるが、努力が評価され、地位、立場を確立できれば、仕事のやりがいがある時代になるともいえる。

もちろん、企業の仕事は多種多様であり、今のところ、テレワークの仕事は少数派であろうが、急速に増加していくことは確実であろう。在学中に、企業選びに精を出すこともちろん大切であるが、それ以上に将来、どんな仕事をやりたいか、どんな分野の専門家になるか、自分の意思を固めておくことが求められよう。企業の採用は専門分野別に行われるようになり、専門職として成長できる可能性、テレワーク、在宅勤務をこなせる人間性などを重視して行われるようになるからである。自分なりに将来について決意を固めて、学習しておかなければ、就活に成功することがむずかしくなるのではなかろうか。

第3章

社会デザインと社会哲学

――日本経済の現状と合同ゼミの活動を事例として――

廣重　剛史

はじめに

現代社会の諸課題を、市民が自発的に解決に取り組む「社会デザイン」「ソーシャルデザイン」が、SDGsへの関心の高まりとも関連して注目を集めている。本学科でも、これまで「ソーシャルデザイン・ユニット」として関連科目を設置し、学生の育成に取り組んできた。しかし、ひとくちに社会的課題といっても、国内に限定された問題から国際的な問題まで、その領域は幅広い。また、ある問題を一過性の現象として問題化するか、より長期的構造的な問題の表面化と捉えてその問題に取り組むかにより、同じ問題に対してもアプローチが異なる。

たとえば、「ゴミのポイ捨て」という身近な問題を取り上げてみよう。その行為を個人レベルでのマナーの問題として捉え、意識変革を呼びかけるポスターを作成することがある。しかし、このままでは「社会デザイン」とは呼びにくい。「社会デザイン」には、これまでにない新しい仕組みやアイデアへの挑戦が求められる。[1] また、「ゴミのポイ捨て」を、国内問題や倫理問題として扱うか、あるいは、その一部の「プラスチックゴミによる海洋汚染」という国際問題や産業構造の問題として扱うか。すなわち、その課題解決に関心をもつ人間が、その課題をどういう文脈で問題化するか、つまりどのような「意味（をもつ問題）」として捉えるかによって、課題解決に向けた実践も大きく異なってくる。

もちろん、多くの市民がいまだ社会的課題の解決を、行政や企業の取り組みまかせにしているなかで、有志の市民が自発的に公共的な課題に取り組むことは、どのような取り組みであっても貴重である。自然災害の被災者や生活困窮者等に衣食を提供する行為も、構造的な貧困撲滅をめざし社会制度を変革しようとする活動も、社会改善には双方が必要であろう。しかしながら、活動規模の大小等に関係なく、「社会デザイン」には、現在の不透明な社会を照らしうる歴史認識と、現在の支配的な社会体制や社会通念に対する批判的視点が不可欠であり、それらの視点が活動に一貫性と継続性を与える。その「視点」を形成する学問的な営みが、「社会哲学」だといえる。

社会哲学は、たとえばドイツの「フランクフルト学派」などの特定の学派の関心が念頭に置かれて語られることもある。[2] しかし本稿では、より一般的に、①「社会的に客観的に観察される現象や課題」の背後にある②「意味」を明らかにし、これを③「実践」の基礎にすえる学問として、社会哲学を定義する。その意味で社会哲学は、社会デザインの基礎を提供する。この社会哲学の立場について、筆者は廣重（二〇一八年）のなかで考察した。その立場を簡単に述べれば、それは人びとの「生活世界」を外観的実証的に明らかにするだけではなく、同時にその世界＝意味連関を生み出している人びとの意識の働きについても内観的に考察してゆくという立場である。本稿ではこうした視点から、とくに社会デザインと社会哲学の関係性について、具体的事例を用いて明らかにしていきたい。

（表１）実質ＧＤＰ成長率（年換算）、賃金指数、家計収入、家計消費額

（万円、ローマ数字は暦年の四半期）

年	2000	2017	2018	2019	20年Ⅰ	20年Ⅱ
Ｇ　Ｄ　Ｐ	2.8	2.2	0.3	0.7	-2.3	-28.1
賃金指数	101.7	101.5	103.1	103.4	101.9	100.5
	112.4	100.6	100.8	99.9	99.1	98.3
家計収入額	56.3	53.4	55.9	58.6	50.4	68.4
	(-2.4)	(0.7)	(3.5)	(4.3)	(1.7)	(10.0)
家計消費額	31.7	28.3	28.7	29.3	28.4	26.5
	(100)	(89)	(91)	(92)	(90)	(84)

※賃金指数は 2015 年＝ 100。下段は実質。四半期の数値は季節調整済み。
※家計収入のカッコ内は前年同期比％（実質）。家計消費の指数は 2000 年＝ 100（名目）
※家計収入（実収入、定期収入）は二人以上の勤労者世帯、家計消費額は二人以上の世帯の月平均。

出典：内閣府、総務省統計局 a,b、厚生労働省 e をもとに作成

一・新型コロナ（covid-19）感染症の影響と日本経済の現状

それではまず、①「社会的に客観的に観察される現象や課題」として、近年の日本の経済状況を取り上げることからはじめよう。表1は、二〇二〇年第2四半期（四～六月）までの経済成長率と賃金、家計収入と家計消費の動向を示したものである。

日本は、バブル景気が崩壊してからすでに四半世紀以上、低成長経済が続いている。そのなかで今回の新型コロナ（covid-19）感染症の流行（いわゆる「コロナ禍」）により、二〇年第2四半期は、年率換算で前年比マイナス二八・一％（九月八日公表）という急激な経済活動の縮小が生じた（前期比ではマイナス七・九％）。これは、リーマンショックの影響を受けた二〇〇九年第1四半期（一～三月）のマイナス一七・八％を大きく上回り、戦後最大の下げ幅である。

ただし、この二八・一％という数値は、あくまで「この傾向が

一年続くならば」という「年率換算」である。二〇年第2四半期は緊急事態宣言期間を含み、九月現在すでに自粛は限定的となり、二〇二〇年の成長率がここまで悪化することは考えにくい。しかしこの数値のインパクトがマスメディアを通じて独り歩きし、現状に対する「コロナ不況」の印象が形成されてしまう危険がある。

それでは同期間の家計の状況はどうか。ちなみに家計収入は、世帯が一定期間に受け取った現金から、預貯金の引出しや借入金、財産の売却などの「実収入以外の受け取り」と前期からの「繰入金」を除いた、税込みで受け取った現金収入を表す「実収入」で表している。

この家計収入は、二〇二〇年の第1四半期に、五〇・四万円と大幅に落ち込んでいるように見える。しかしこちらは、前年同期比で実質一・七%のプラスであり、時期的なものである。それよりも、コロナ禍による行政からの給付金により、二〇年第2四半期が、前年同期比で実質一〇%のプラスと大幅に伸びていることが特徴的だ。ただし、表にはあげてないが、実収入のうち「世帯主収入」を取り上げてみると、二〇年第2四半期は前年同期比マイナス〇・九%（四五・五万円）と、コロナ禍が定期的な給与や賞与に与えた影響が数字に表れ始めている。なお、調査対象の「勤労者世帯」とは、世帯主が会社や官公庁、学校、工場、商店などに勤めている世帯であり、個人経営者などは経済的にもっと厳しい状況が予想されるが、この家計調査では分からない。

また収入に関連して、一般労働者（フルタイムの労働者）の賃金指数の動きを見れば、労働者の懐がしだいに厳しくなっている状況がわかる。名目賃金指数は二〇一五年を一〇〇としたとき、二〇〇〇年

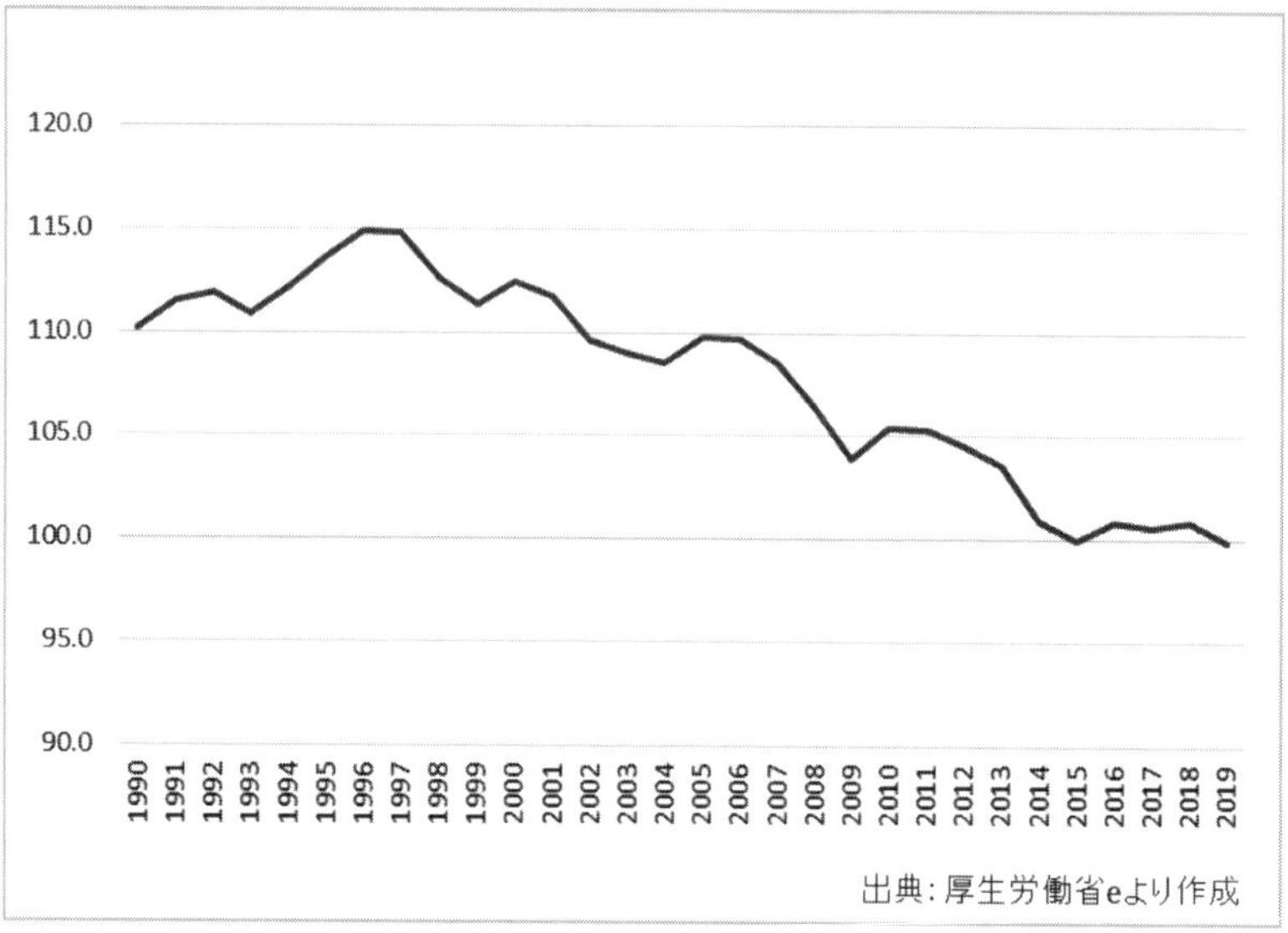

図１　実質賃金指数の推移（一般労働者、横軸は年、2015年＝100）

が一〇一・七ポイントで、二〇二〇年第２四半期も一〇〇・五と、それほど変化があるようには見えない。しかしながら、これを物価変動分を差し引いた実質で見たとき、二〇〇〇年は一一二・四ポイント、二〇二〇年第２四半期は九八・三ポイントと、一四・一ポイントも下落している。図1は、この実質賃金指数の長期傾向を表したものだが、これを見れば低成長経済のなか、フルタイム労働者への賃金が長期的に下落傾向にあることが一目瞭然である。そして、非正規雇用や自営業がより厳しい環境におかれているのは想像に難くない。

つぎに家計消費を見たとき、一目見て明らかなのは長期にわたる消費の低迷である。二〇〇〇年を一〇〇とした指数で見たとき、二〇一七年から多少の変動はあるものの、約一〇％も低い状態が継続している。すなわち、コロナ禍以前から日本経済は、労働者側から見れば賃金が低下しつづけ消費を抑制せざるをえない不景気だったといえる。そしてこの状況は、九〇年代後半から小泉政権、民主党政権を経て、ふたたびアベノミクスによる大規模な金融緩和等を経るなかで、改善するどころかしだいに厳しくなってきていた。

こうした状況下で、今回のコロナ禍と緊急事態宣言により、二〇二〇年第1四半期は前年同期比実質マイナス三・五％、第2四半期は同マイナス九・八％という、急激な消費の落ち込みが生じた。ちなみに、この二〇二〇年第2四半期で、前年同期比でとくに落ち込みが激しいのは、「宿泊料」のマイナス八六％、「交通」マイナス六四・六％、「月謝類」マイナス五二・二％、「外食」マイナス五一・九％、「洋服」マイナス三六・七％などである。これに対して伸びたのが、小麦粉等の「他の穀類」三四・三％、「自転車購入」三〇・六％、「冷暖房用器具」二八・三％、パソコンなどの「教養娯楽用耐久財」二六・四％、「麺類」二六・三％、「保健医療用品・器具」二三・一％、「酒類」二二・七％などである。このような消費の変化が「新しい日常」の定着により、企業等の生産活動にも大きな影響を与える。

いずれにせよ、以上の状況を見たとき、コロナ禍に対する緊急のセーフティーネットの整備が必要であることは当然である。しかし同時に、コロナ禍にだけ目を奪われるのではなく、日本では実質賃金が下落しつづけ、すでに長期にわたる消費不況に陥っているという事実を踏まえたうえで、従来の経済社会政策とわれわれ自身のライフスタイルを見直してゆく必要があるといえる。

（表2）世帯構造別相対的貧困率の推移

（単位　%）

	相対的貧困率	子どもがいる現役世帯のうち大人が一人の世帯	子どもの貧困率
1985年	12.0	54.5	10.9
1988年	13.2	51.4	12.9
1991年	13.5	50.1	12.8
1994年	13.8	53.5	12.2
1997年	14.6	63.1	13.4
2000年	15.3	58.2	14.4
2003年	14.9	58.7	13.7
2006年	15.7	54.3	14.2
2009年	16.0	50.8	15.7
2012年	16.1	54.6	16.3
2015年	15.7	50.8	13.9
2018年	15.4	48.1	13.5
2018年（新基準）	15.8	48.2	14.0

（注）　1．1994年の数値は、兵庫県を除いたものである。
　　　　2．2015年の数値は、熊本県を除いたものである。
　　　　3．貧困率は、OECDの作成基準に基づいて算出している。

出典：厚生労働省a,dをもとに筆者作成

二　日本の相対的貧困率の推移

以上のような日本経済の長期にわたる実質賃金の低下と消費不況のなかで、日本では貧困世帯の割合が増加してきた。表2は、日本の相対的貧困率の推移を示している。

「相対的貧困率」とは、ある年に等価可処分所得の中央値の半分以下の者がどのぐらいの割合いるかを示した数値である。等価可処分所得とは、収入から税金や保険料を引いた、いわゆる手取り収入である「可処分所得」を「世帯人員の平方根」で割った値であるが、「世帯人員」で割らずにその平方根で割るのは、可処分所得が同じ二〇〇万円であったとしても、単身世帯と四人世帯では意味が異なるため、単純に可処分所得を世帯人員で割ると実態から離れるためである（厚生労働省b）。

相対的貧困率は、厚労省が「国民生活基礎調査」における、三年ごとの大規模調査で算出している。二〇二〇年七月に公表された二〇一八年のデータを見ると、日本全体ではいまだ約六人に一人、子ども約七人に一人が貧困、ひとり親世帯では約二世帯に一世帯が貧困世帯であり、日本では多くの人びとが経済的に厳しい状況に置かれていることがわかる。[3] なお、二〇一八年の貧困線は一二七万円であり、貧困率はこのラインを下回るものの割合である（厚生労働省c）。

長期的な傾向としては、一九八五年から貧困率は上昇傾向にあり、これまでの数値では二〇一二年の一六・一％がピークとなっている。公表されている直近の二〇一八年が一五・四％であり、また子どもの貧困率も二〇一二年の一六・三％から二〇一八年の一三・五％に大幅に下がっているため、近年では貧困率が低下している。

しかしながら、二〇〇三年のように上昇傾向のなかでも貧困率が下がっている年もあり、また、コロナ禍の状況も考えると、このデータだけをもって「貧困率が改善傾向にある」と判断することは難しい。また、ＯＥＣＤが提示した所得の新基準にもとづいて考えてみても、いまだ日本では厳しい家計事情にある家庭が多い。

三．ゼミでの地域交流の取り組みとその意味

以上、①「社会的に客観的に観察される現象や課題」として、コロナ禍の影響とその前提にある実質賃金の低下と消費不況、そして相対的貧困率の高止まりという、日本の経済社会の現状を一部確認した。それではつぎに、②こうした社会的課題の背後にある「意味」、すなわち、そのような一連の数字が、私たちの生活世界において意味することとは何か？

先述したように、この「意味」を考える学問が社会哲学である。そして、ここで「意味を『考える』」ということは、その「意味」が「問いに対して開かれている」ということである。すなわち、社会的課題の背後にある「意味」といっても、そこに唯一絶対の意味が存在するわけではなく、それはその「意味」を問う人びとの視点と相関的である。

しかしながら、それではその「意味」は、人や立場によってそれぞれであり、その「意味」を考えること自体が無意味なのではないかという相対主義的な批判も考えられるが、そうではない。社会デザインは、「解決すべき社会的課題」が、多くの人びとに共有されるという前提がある。その解決策を考えるために、その「社会的課題のもつ意味」をより深く、当事者もしくは当事者により近い視点から考える必要があると、この社会哲学は考える。それに対して、もしそこに「問いに開かれた意味」がなければ、その課題の解決策には「誰がやっても同じ答え」しか存在せず、多数の市民による自発的な実践な

ど必要ないことになる。

　したがって、フッサールが「すべての実在は『意味付与』によって存在する」（Husserl 1928:106=1979:238）と述べたように、その意味は単純にあらかじめ与えられているものではなく、人びとが自分たちとの関わりや体験のなかで生み出しているものである。そして社会デザインの意義には、市民が当事者意識をもち、自発的に創意工夫を重ねるなかで課題解決に向けて協働していくという要素がある。そのため、その活動に参画する人びとの個性、「その人らしさ」という人格が、社会デザインには本質的な要素として含まれている。したがって、ある社会デザインの仕組みや手法を一般化し理論化することももちろん必要である。しかし実際の活動は、理論に還元できない部分があってはじめて、その活動が具現化される。その意味で、社会的課題に取り組む具体的な現場での市民ひとりひとりの「個性」や「人格」が、社会デザインの実際の推進力として不可欠である。

　一例を挙げれば、上述した相対的貧困率の高止まりにも関連して、近年「子ども食堂」などの取り組みが増えている。この点に関しては、すでに本ソシオ情報シリーズ19号の第3章「『コト』のデザインの広がり」（田中泰恵著）に詳しい。そこではひとくちに「子ども食堂」や「地域食堂」といっても、多様な取り組みがあることが示されている。そのなかで、貧困を直接対象としたものではないが、家族の孤立を問題視して、本学科の星玲奈専任講師と筆者が取り組んでいる、新宿区戸山での地域食堂が紹介されている。

　この取り組みは、二〇一九年度に三回、戸山地域で多世代交流に取り組む団体「えんがわ家族」（代

表：渡辺萌絵さん）の企画「子どもシェフキッチン」に協力するかたちで取り組ませていただいた。しかし二〇二〇年度は、コロナ禍により春学期は食堂開催も不可能となり、そのなかで星ゼミと廣重ゼミの学生は、「食を通じた地域貢献」をテーマに、毎週遠隔授業の形態で自分たちに何ができるかを話し合った。その結果、オンライン上での交流会ではなく、「誰にでも手に取ってもらえるレシピ集を作ろう」と、小学生とその保護者向けの小冊子を、ゼミ生全員が役割分担して作製した（写真参照）。

出来上がった冊子は、目白大学のある新宿区内の六つの小学校や、地域活動に取り組む諸団体、児童館、社会福祉協議会、スーパー、駅の構内などで配布していただいた。また、筆者が宮城県気仙沼市で取り組んでいる、植林を通じた地域交流活動のご縁で、現地のNPO「はまわらす」さんを通じて気仙沼市立大谷小学校の児童の皆さんにも冊子を配布していただき、新しいつながりが生まれはじめている。[4] 以上のことから、この冊子はゼミ生と教員たちの個性が反映されており、直接的な交流が難しい状況下での「地域食堂」のひとつの「意味＝志向性」を示していると考えられる。つまり、前節までのコロナ禍と日本経済の状況がもつ意味は、この場合「地域や人間関係の分断」と、「新しいつながり（連帯）へのひとつの契機」だといえる。

四．共生セクターにおける地域交流の実践

上記の合同ゼミでの実践は、コロナ禍における自粛期間中に問題化していた「地域との関係の希薄化」という課題に対して取り組んだ事例である。そして、ゼミでこの冊子づくりに取り組んだ大きな理由のひとつには、低成長経済下で顕在化してきた子どもの貧困や、保護者の育児ストレスについての、関係者へのヒアリングも含めた学びがあった。[5] そうした学びのなかには、さまざまな実践へと展開しうる機会があったが、そのなかで学生と教員たちが話し合い、「冊子づくり」という選択肢を選ぶことを合意し、その可能性を実現化したといえる。

ここで取り上げた冊子づくりという取り組みを一段高い（メタな）視点から捉えるならば、合同ゼミでの活動は、大学教育のカリキュラムに規定されている「授業」の一環である。そのため、指導教員たちと学生たちとの関係上、取り組みに義務的な要素が一定程度入るのは事実である。しかし授業内では、もちろん学生によって主体的な取り組みに程度の差は存在したが、全員が何らかの担当を担ってテ

ーマに取り組んだ。

そしてこの活動は、冊子の作成によって利益を出すことを目的としたものでも、「行政」からの依頼によって取り組んだ活動でもない。大学という非営利組織における教員と学生が、地域交流を目的として、対話による意思決定において取り組んだ活動であった。この点に関して、現代社会は、自由を理念とした「市場セクター」、平等を理念とした「行政セクター」、連帯を理念としたコミュニティからなる「共生セクター」という三つのセクターから把握することが可能である。そして、このコミュニティはさらに、町内会や自治会などの「地縁型コミュニティ」と、NPOなどの「テーマ型コミュニティ」に分けることができる。[6] この枠組みから見て本活動は、大学のゼミというテーマ型コミュニティが、他の地域で活動するNPOや、小学校という行政セクターに所属する主体とのネットワークの形成により、課題に対するセーフティーネットの構築に向けて取り組んだ事例だと整理することができる。

このような次元で今回の活動を位置づけると、その冊子づくりという小さな行為は、現代の社会的諸課題というマクロな文脈を背景としている。そして、市民側からの自発的な解決策の提示とは言えないまでも、ミクロなレベルでその問題状況を緩和することを目的とした活動であったと、意味づけることが可能であろう。

五．社会哲学の役割――むすびにかえて

以上の考察から、社会デザインと社会哲学との関係についてまとめると、以下のようになるだろう。まず、社会デザインにおいては、①「社会的に客観的に観察される現象や課題」を明らかにし、ヒアリング等の社会調査の手法も利用しながら、その現状を可能なかぎり詳しく知ることが求められる。その学びの部分に関して、事例として取り上げた合同ゼミでは、教員たちが、そのための知識提供やヒアリング対象の設定ということで学生と協働している。この過程で社会哲学は、統計結果などから読み取れる現状を一面的に捉えるのではなく、批判的かつ多面的に考察する。

そして、社会デザインではつぎの段階として、②収集した材料のなかで、「自分たちに何ができるか」を考え、意見を出し合い、それを取捨選択していくというプロセスが必然的に生じる。社会哲学的な考え方は、この学生との対話のプロセスのなかで、以下の二点で重要な視点を提供した。

一点目は、二〇二〇年度にゼミが始まった当初に想定していた「オンライン上での食を通じた交流会」という教員側からの企画案に対して、対話のなかでその企画で排除される人びとへの配慮が共有されていった点である。また二点目は、自分たちのゼミ活動が短期的な活動であり、学外の社会的課題に直面している方々とは「時間意識」が異なる。そのため、地域に長期的に関わることが難しい学生たちに可能な「レシピ集の提供による間接的な地域との関わり」という、限定された活動に合意していった

点である。これら二つの点には、その時期に主流となっていたオンラインを用いるという社会的風潮に対する批判的な視点と社会的包摂の問題、そして自分たちの限界を自覚したうえでの他者との関わり方という、社会哲学における重要な論点が含まれている。社会哲学的な思考は、このような点から社会デザインを方向づける。

本稿では、この社会哲学の個別の論点については取り上げなかった。しかしながら、以上のように、実際の社会的課題や具体的な社会デザインの実践における、社会哲学の意義と役割については、本稿で一定程度明らかになったのではないかと考える。

注

1 たとえばグリーンズ（二〇一二年）では、ソーシャルデザインを「社会的な課題の解決と同時に、新たな価値を創出する画期的な仕組みをつくること」（p.12）と定義している。

2 たとえば田中拓道編著『承認――社会哲学と社会政策の対話』（二〇一六年、法政大学出版局）では、フランクフルト学派第三世代のアクセル・ホネットにより主題化された「承認」論を軸として、社会的諸課題に対する政策が考察されている。

3 表2のOECD新基準とは、二〇一五年に改定されたOECDの所得定義の新たな基準で、従来の可処分所得から更に「自動車税・軽自動車税・自動車重量税」、「企業年金・個人年金等の掛金」及び「仕送り額」を差し引いたものである。

4 気仙沼との交流に関しては、廣重（二〇一八年）を参照されたい。

5　ヒアリングは二〇二〇年五月二六日（火）の一六時三〇分～一七時三〇分、オンライン上でのゼミ内でおこなった。当日は、曹洞宗大龍寺（新宿区）の太田賢孝住職と、多世代交流の居場所づくりを目的とした任意団体 iamamiami（あみあみ）代表の鶴巻祐子氏、（一社）カメリア理事の蓮沼智香子氏にご参加いただいた。

6　この点に関しては、本ソシオ情報シリーズ19号の拙稿「コミュニティ再生のための理論と実践」において詳述した。

参考文献

Husserl, E., 1928, *Ideen zu einer reinen Phänomenologie und phänomenologischen Philosophie: Allgemeine Einführung in die reine Phänomenologie*, Halle a.d.S.: Martinus Nijhoff.（＝一九七九、渡辺二郎訳、『イデーン　純粋現象学と現象学的哲学の諸構想1―1』みすず書房。）

グリーンズ（二〇一二年）『ソーシャルデザイン――社会をつくるグッドアイデア集』朝日出版社。

総務省統計局ａ「家計調査（家計収支編）時系列データ　二人以上の世帯」（https://www.stat.go.jp/data/kakei/longtime/index.html）（2020/08/17）

――ｂ「家計調査　過去に作成していた結果表（二人以上の世帯）」（https://www.stat.go.jp/data/kakei/longtime/index2.html）（2020/08/17）

厚生労働省ａ「平成29年版厚生労働白書　図表2-1-18　世帯構造別　相対的貧困率の推移」（https://www.mhlw.go.jp/wp/hakusyo/kousei/17/backdata/01-02-01-18.html）（2020/07/10）

――ｂ「国民生活基礎調査（貧困率）よくあるご質問」

(https://www.mhlw.go.jp/toukei/list/dl/20-21a-01.pdf)(2020/07/10)

――― c「貧困率の状況」(https://www.mhlw.go.jp/toukei/list/dl/seigo_g_171005.pdf)(2020/07/10)

――― d「二〇一九年国民生活基礎調査の概況　Ⅱ各種世帯の所得等の状況」

(https://www.mhlw.go.jp/toukei/saikin/hw/k-tyosa/k-tyosa19/dl/03.pdf)(2020/7/18)

――― e「毎月勤労統計調査　長期時系列表」

(https://www.e-stat.go.jp/stat-search/files?page=1&layout=datalist&toukei=00450071&tstat=000001011791&cycle=1&tclass1=000001035519)(2020/09/09)

内閣府「国民経済計算」

(https://www.esri.cao.go.jp/jp/sna/data/data_list/sokuhou/files/2019/qe194_2/gdemenuja.html)(2020/09/09)

廣重剛史(二〇一八年)『意味としての自然――防潮林づくりから考える社会哲学』、晃洋書房。

第4章

食事づくりの「参加」を主体とした地域交流活動

星　玲奈

はじめに

二〇二〇年は新型コロナウィルス感染症（COVID-19）が猛威を振るい、二〇二〇年八月時点での感染者は日本で六万五千人以上、亡くなった方は一二〇〇人超となった。このCOVID-19によって、東京オリンピック二〇二〇の延期や、日本で初めての「非常事態宣言」が発令され、長い外出自粛要請を余儀なくされるなど、様々なところに大きな影響が出た。

非常事態宣言による外出自粛により、自宅での食事の回数が増加し、家庭で食に向き合う時間が増加した。長期にわたり給食が中止となってしまった小・中学生の子どもの食や健康（成長）は、家庭でカバーすることができたのだろうか。食は貧困と関連があり、子どもの貧困が叫ばれている昨今において、子どもの「生きる力」の育成は様々な効果をもたらす可能性がある。そこで本章では、子どもが自ら料理をすることがなぜ大切なのか、またなぜ共食が重要なのかについてまとめていきたい。

一．子どもにおける食の問題と食事づくり力の大切さ

現在、「食育」という言葉が日本中の様々なところで発信されるようになった。二〇〇五年の食育基本法施行以来、徐々に「食育」という言葉が世間に浸透し、食品企業は幼稚園や保育園、小・中学校に

「出前食育授業」などの企業の社会的責任（ＣＳＲ）を積極的に行っている。以前は特別な食であった外食や中食（家庭外で調理されたものを購入して持ち帰るなどして、家庭内で食べる食事の形態）の利用の機会増加、冷凍食品の品質の向上もあり、近年では既製品と呼ばれる食品のネガティブなイメージもほとんど感じられなくなった。また、コンビニやスーパー、ファミリーレストランも年中無休で営業しており、食料のアクセスが容易かつ飽食の国であるため、自分で料理をしなくても生きていける環境が現在の日本にはある。しかしそれに相反して、新学習指導要領ではより一層、生涯にわたって健やかに生きるための基礎を培うことが目的として強調されている。では生涯にわたって健やかに生きるための基礎と食との関連は何か。

子どもにおける食の問題は、子どもの「孤食」の傾向を食生態学者の足立らが警鐘を鳴らしたことからは始まったとされている。足立らは一九七〇年代からの食事に関する調査研究を実施しており、その結果から子どもが一人で食事をする（「孤食」）が広がっていることを明らかにした。その後、この孤食以外にも、食卓に大人が同席しないで子どもだけで食事をとる（「子食」）、家族が同じ席に座ってバラバラなものを食べる（「個食」）、濃い食事ばかりを好んで食べる（「濃食」）などの「コ食」に、朝食を食べない「欠食」を併せて、ニワトリ症候群（コケコッコー症候群）と呼んだ。

「共食」の定義に関して足立は、「誰かと食行動を共にすること」と定義している。現在日本では、「子ども食堂」が増加し、食事が安価で栄養バランスのとれた食事を提供している団体が多いが、食事の提供だけではなく、共に食事を作る活動を設けている団体もある。足立（二〇一六）は、子どもの食行動についてお手伝いという言葉を用いずに、食事づくりの「参加」と呼び、「食事づくり力」こそが子どもにとって必要であると述べている。「食事づくり力」とは、人間の「食事づくり」行動が多様な行動から成り立つ、多様で創造的な行動であると示している。つまり「食事をつくる」とは、調理技術だけでなく、食べる人や作る人側の条件等をアセスメントし、計画・実施・評価・次の食事作りへと進む、マネジメントサイクルのフルコースをうまく進める力のことである。これは列挙しきれないほど多種多様な行動から成り立っており、その都度、食べ手のニーズや作り手の条件が異なるので、毎回異なった創造的な行動をする必要がある。

確かに食行動には「食べる行動、食事を作り・準備する行動、食について情報を受発信し、食生活を営む力を形成する行動」など食事を構成する様々な要因が含まれている。また「食べる」とは、人間の生存に直接関わる営みなので、内容の質が問われるとし、「お手伝い」のような断片的なものではないと足立らは述べている。このことから子どもが自ら調理に積極的に関わることで、様々な学びを得られる機会を提供することができる可能性がある。以下はその食事づくりを通した実践的な事例を紹介する。

二．実践的な事例１——学校行事として児童の食事づくり力を高めた小学校の例

子どもの食事づくり力を独自のやり方で取り組み、成果をあげた小学校がある。その取り組みが「弁

当の日」である。「弁当の日」は、二〇〇一年に香川県綾南町立滝宮小学校の元校長先生である竹下和男氏が小学五・六年生を対象に月に一回の「弁当の日」を実施したのが始まりである。これは「子ども達に生きる力をつけて欲しい」という願いの下、小学五・六年生の児童が家庭科の時間に包丁の使い方や栄養バランスに関する授業を受け、自分で献立を立案して食材を買いに行き、当日、朝早く起きて自分の弁当を作って学校に持参するというものである。

この取り組みの最大の特徴は、「保護者はお弁当作りに手を出さずに見守り、子どもは一から全て一人で弁当を作る」ことである。この取り組みにより、子どもは様々な食育の視点を持つことが出る。例えば、献立の立案から実施することで、毎日の食事を準備してくれている家族の苦労がわかることなどの「感謝の心」が育成されること、また、自分の弁当を作ることで、自分の食生活に関心を持ち、自分の工夫次第で栄養バランスの良い健康的な弁当を目指そうとする、「食事の重要性」と「心身の健康」の視点を育成できることができる。その他にも、弁当を作るにあたって家族内でコミュニケーションをとる機会が増加したり、家族に弁当を作ってあげるなどの「社会性」が育成されること、地産地消を意識した弁当などの「食文化」の視点が育成されること、農薬を使っている野菜とそうでない野菜の価格の違い、賞味期限や消費期限の見方などの「食品を選択する能力」が育成されることなど、この取り組みによって『食に関する指導の手引き』に掲載されている六つの食育の視点を全て網羅することができる。

またこれらのメリットの他にも、調理技術の向上、五感の発達、下級生や周りのクラスメートにお弁当を見られることや保護者に褒めてもらえるなどから、自己肯定感の向上も見込むことができたと竹下氏は述べている。この取り組みは全国区に広がり、現在では全国で約二、〇〇〇校もの小学校で実施されている。

三．実践的な事例2――「3・1・2弁当箱法」を活用した世代間交流の例

同じような取り組みで、平本らも子ども主体の食育活動の実践として「3・1・2弁当箱法」を実施している。これは、仙台市桜ケ丘地域のひとり暮らしの高齢者を対象に、子ども達がお弁当を作ってプレゼントするという取り組みである。この取り組みの素晴らしいところは、子どもたちが地域の高齢者のためにお弁当の献立を立案する前に、その高齢者に食に関するインタビューを行うところである。一グループ四名で該当の高齢者に好きな食べ物や、苦手な食べ物、弁当箱の大きさをインタビューし、子ども達が作ったお弁当をプレゼントすることで、子ども達の自己肯定感が向上したことが報告されている。同様に平本らは地域の高齢者と大学生との世代間交流において、高齢者から「食の思い出」を伺い、それを一緒に料理し食べるという、回想法を用いた取り組みも行っている。これは子どもの弁当作りの発展系で、一緒に食べるだけでなく、話をしたり食事を作りながら共食を楽しむことが目的になっている。これにより平本らは、高齢者は昔の経験や思い出を語ることで認知症予防に繋がったり、若い人に自分の食事についての思いを伝えられたという達成感が芽生え、高齢者の自己肯定感を高めること

ができたということを報告している。また大学生は、高齢者から食文化や食事の重要性を学ぶことができ、且つ食文化を継承することができるという、相互に大変有益で素晴らしい取り組みとなっている。

四．子どもが料理をすることで得られる効果——自己肯定感の向上

上原（二〇〇七）は、食事作りを通して食事の大切さを知ることは、自分で食事の用意や食の選択が可能になり、生きる力や健康に暮らすことの大切さを理解することの基礎になると述べている。このことからもわかるように、子どもの頃から望ましい食生活の定着と習慣化を促すのに、料理をすることは総合的な実践の場になる可能性がある。また掃部ら（二〇一八）は、小学生において調理経験と自尊感情との関連を調査した結果、小学生の調理経験は、食事感や自尊感情に直接影響を及ぼしていることを明らかにした。同じように坂本ら（二〇一九）は、小学生に調理実習プログラムを実施した結果、調理スキルを向上させることは、自尊感情の低い児童の自尊感情を高める可能性があり、子どもの貧困等によりセルフエスティームが低く、食事支援を必要としている子どもに調理実習を行う支援を行うことが、有用な支援方法の一つになる可能性があることを示唆している。このことから、調理を経験することは、子どもの自己肯定感を向上させられる可能性がある。日本の若者は諸外国の若者に比べ、自己肯定感が低いことが問題視されており、特に日本の児童生徒の場合には、他者からの評価が自己肯定感に大きく影響することが示されている。文部科学省が主体となっている検討会における、自己肯定感に関

する有識者らの意見によると、自己肯定感を高めるためには、他者との協働のなかで子どもが自分の役割を果たすとともに、子どもが集団又は個人の目標を達成した際に、周りの大人に認められることによって、成功体験を感じるという一連の取り組みを継続的に行うことが重要であると示唆している。

また子どもが料理した食事を家族以外の他の人に食べてもらうことは、子どもにとって自己肯定感を向上させられる有意義な体験になる。鈴木（二〇一五）は、自分で作ったものを食べてもらい、家族や友達に「おいしい」と言ってもらえた喜びは、自己肯定感の向上に繋がると述べている。このように、自分で食事をつくるだけでなく、他の人に食べてもらったり共に食べることによって、知識や技術だけでなく、自己肯定感も向上することが示されたのである。

五．本学での地域交流活動の取り組み

二〇一九年度、廣重剛史准教授と共に関わった地域交流活動について紹介したい。「えんがわ家族（代表：渡辺萌絵）」の活動目的と概要は、「地域の多様な人々を『食』の交流を通じて、高齢者の生きがいづくりや、地域で子どもたちや街の未来をはぐくみ、地域コミュニティの活性化と共生社会の実現を目指すこと」である。活動は全て、新宿区戸山地区にある戸山シニア活動館にて実施された。この地区にある戸山ハイツは六五歳以上の高齢化率が六割にもなるマンモス団地であり、〝都心の限界集落〟とも呼ばれている。本活動は、その少子高齢化団地である新宿区戸山地区にて、地域住民の方々と共に

食を通したコミュニティ再生活動を実施した。

活動の内容は、「新宿まちづくりネットワーク懇談会」の中で協議・決定された。この会の目的は、新宿区に所属する様々な組織が一丸となり、新宿区の地域交流の在り方を検討することである。話し合いの中で特に重点を置いたのは、献立及び全体の工程、食後の催し物が地域交流を図れるような内容になっているかについて検討を重ねた点である。また、他の食堂運営を実施している団体の方からお話を伺う機会を設け、本活動に応用できる箇所への模索も行った。

本活動の二〇一九年度の大きなテーマは、子どもが地域や家族のために調理を行う「子どもシェフキッチン」を行うことであった。この「子どもシェフキッチン」での目的は、子ども達が地域の様々な方と共に調理をしながら料理することの楽しさを学んだり、地域の方々と触れ合う機会を提供することで豊かな人間性の育成をすることである。実際の活動では、最初から最後まで調理に関わらせることは難しかったが、第一回目は初級編として、「おにぎり、卵焼き、煮びたし、豚汁」など、自宅でも子どもが再現できる献立を計画した。また第一回目の目玉として、子どもが自分で卵焼きを作るという工程を盛り込んだ。卵焼き作りには様々な工程があり、子ども達は卵焼きを作るにあたり、卵を割卵し、用意してある調味料（塩、砂糖、しょうゆ）の中から自分で味付けし、フライパンをコンロに置いて火をつけ、卵液を流して形作るという、比較的子どもにとって難易度の高い内容となっていた。当日は保護者の方はもちろんのこと、シニアボランティアの方々も子ども達がやけどをしないかハラハラしながら見守っていたが、どの子ども達も思い思いの卵焼きを焼けていた。この実践こそが子どもにとって、受身

図１　第２回目地域交流イベントの集合写真

の「お手伝い」ではなく、主体的に食事づくりへの「参加（子ども達の食事づくりの一端を担う）」であり、「食を営む力」の第一歩になったのではないかと思う。また、この卵焼きは自分で焼いた卵焼きと共に、シニアボランティアの方々が焼いてくれた卵焼きも味見することができた。このことによって、家庭によって卵焼きの味が異なるという発見や、自分の卵焼きへの愛着がより湧く機会を提供できた。活動の最後にお答えいただいたアンケートの保護者の意見の中にも、「普段は自宅でやらせてあげられない貴重な体験ができた」等の肯定的な意見もあった。同様に第二回、第三回ともに子どもが主体的に調理を行えるような工程を検討し、実施した。以下、三回分のアンケートの自由記述欄に様々なコメントをいただいたのでその一部を紹介する。

【参加者からのコメント】

・同じ号棟の方と同じテーブルでした。ご挨拶だけの繋がりでしたが、本日この機会に沢山お話が出来たことがとても

図２　地域の方と子どもたちが共に調理している様子

嬉しかったです。おいしいごはんと楽しいおしゃべりで、素敵な時間を過ごすことができました。感謝。みんな一生懸命で嬉しかったです。（四〇代女性。五歳、九歳の保護者）

・なかなか経験できないことができて良かった。色々な年代の方と交流できたのも良かった。（四〇代女性、三歳、七歳の保護者）

・子どもが初めて食事を作るのを体験させて楽しかったです。（四〇代　七歳の保護者）

・地域の方との交流がすごくよかった。（三〇代女性）

・小さなお子さんたちが一緒に力を合わせて作り上げたカレーライスは格別においしかった。どうもありがとうございました。ごちそうさまでした。私は時間の関係でぎりぎりの時間に来たのですが、最後の〝いただきます〟〝ごちそうさま〟の意味は、大人でも普段忘れがちになってしまいます。改めて、その大切さを学べました。食育は大切ですね。（四〇代　男性）

・楽しかったです。短期間でしたが、沢山の地域の色々な方々が会話している。それで人数が多いのが良かったです。また企画して欲しい、十分おなか一杯になりました。会話が苦手だったんですが、一

緒に食べるだけでよかったです。子どもの食育が進んで欲しいです。（二〇代女性）

・今日のお食事もとーってもおいしかったです。新しくお知り合いも増えて嬉しいです。また一人、ご挨拶のできる方が増えました。（四〇代女性）

・多世代との交流ができたり、包丁など子どもに経験させられて良い機会だと思った。また参加したいです。（四〇代女性）。

【シニアボランティアからのコメント】

・久々に赤ちゃんを抱っこしました。子ども達のキンキンの声、懐かしく、うれしく、素敵な楽しい時間をありがとうございました。参加できてよかったです。（六〇代女性）

・子どもシェフ食堂。その名の通り、にぎやかで大盛況でした。良かった！　おめでとう！　そんな中で感心するお子さんがいて、「普段、おばあちゃんのお手伝いをしてキュウリも切れるんだ！　その時。お婆ちゃんがありがとうね、と言ってくれるのがとても嬉しいんだ！」と、こんな会話の一コマもあり心和みました。後半に卵焼きが足りなくなってしまったり、時間が押してしまったりで慌てて他のボランティアさんと協力してフライパンで作った卵焼きには笑いました。みんなの生き生きした顔、「美味しい」の声にありがとう。お疲れ様！（七〇代女性）

・お疲れ様でした！　私が誘ったママさんも、今日会ったらすごく楽しかったと言っていました。一緒にお食事をする方は、初対面の方同士でしたが、最後は子ども同士すっかり仲良くなって、自分の弟はかわいがらないのに、よその子にはとっても優しく面倒をみたりと、日ごろできない経験をしたようで、とても喜んでいました。初めてのことなので大変だったと思います。でも大成功でしたよ。おめでとうございました！　そしてお疲れ様でした！（六〇代女性）

六．共食の必要性

「共食」は、第二次食育推進基本計画（平成二三年）において、「共食の回数の増加」が食育の推進の目標に関する事項に掲げられ、第三次食育基本計画（平成二八年）の重点課題では、「多様な人に対応した食育の推進」として、「朝食または夕食を家族と一緒に食べる共食の回数」「地域等で共食したいと思う人が共食する割合」が挙げられている。日本ではお食い初めからはじまり、老年期の還暦や喜寿といった長寿の祝いなど、人生の節目には共食が行われる慣習がある。家庭での子どもの孤食が増える中で、子ども食堂のような共食の場を家庭から地域に広げるという考え方も浸透しつつあり、また、「共食」のとらえ方を広げることで、人々の共食行動を広げていくという考え方もある。

和田（二〇一九）は、子ども食堂でのキッズ料理教室の活動を通じて、地域における食支援が家庭での食生活に反映され、食育の広がりが可能になるなら、学校教育だけでは得られないメリットがあり、食の支援、食生活に関する情報発信、料理教室など地域から食環境を変えるような取り組みは、子どもだけでなく保護者も食について学べる場となっているのではないかと述べている。実践研究において武政ら（二〇一六）は、小学生の食育講座参加による親子の食行動の変容を調査したところ、親子で食育講座に参加することで、子どもの食行動改善だけではなく、保護者の食行動へも良い影響を及ぼすことを明らかにした。

本活動の第三回では行事食をテーマとして、飾り巻き寿司ときんとん作りを子ども達の主の活動、鶏ハムや紅白なます、東京風雑煮をボランティアさんに調理していただいた。その結果、「食文化」や「共食」など、料理を話題の中心とした多世代交流活動を行うことができた。この多世代交流活動によって、子どもだけでなく保護者や地域の方々にも、食を通じて様々な話題に花を咲かすことができ、相互に良い影響があったことがアンケートの自由回答欄からも窺い知ることができた。

図３　合同ゼミナールで作成した冊子の表紙

さいごに

本章のまとめとして、「料理をする」とは子どもが自ら学びを得ることができること、またその自分の手で作った料理をみんなで共に食すことにより他者貢献ができること、コミュニケーションが生まれ、認められることで自己肯定感が向上するという素晴らしい好循環を生む可能性を秘めていることを示してきた。二〇二〇年度は新型コロナウィルスの影響で大学での学びは全てオンラインにて実施され、二〇一九年度のような実践的な交流活動を実施することが難しくなった。そこで、廣重ゼミナールと合同で、夏休みに小学生でも取り組めるような食育レシピ集の作成を実施し、近隣の小学校やスーパー、児童館などに配布を行った。アフターコロナでは新しい生活様式が採用され、まだまだこのような食を通じた交流活動の見通しは立たないが、子どもの「生きる力」が料理を通して培われ、それによって自己肯定感の高い子が増えることを期待しながら今後も食に関連する様々な社会活動に携わっていきたい。

参考文献

・足立己幸（二〇一四）共食がなぜ注目されているか—四〇年間の共食・孤食研究と実践から、名古屋学系大学健康・栄養研究所年報、6,43-55.
・足立己幸（二〇一六）「お手伝い」ではなく、食事づくりの「参加」へ、日本健康教育学会誌、24(2),63-64.
・上原正子（二〇〇七）食を通して「生きる力」をはぐくむーいま、必要な子どもの食育とは、『児童心理』、1,27-32.
・掃部美咲、吉本優子、小松万里子、八竹美輝、森加容子、渡邊英美、小切間美保（二〇一八）小学生の家庭での調理経験が食事観、自尊感情、教科に対する関心に及ぼす影響＜栄養学雑誌、76(4),65-76.

・坂本達昭、葛萌々美、中嶋名菜、近藤秋穂、湯池咲子、中村早百合、松田綾子（二〇一九）小学生の調理スキルと自尊感情を高める調理実習プログラムの評価、27(4), 348-359.
・鈴木洋子（二〇一五）実践力を育む家庭科における食の学び、66(4), 174-178.
・竹下和男（二〇一一）『〝弁当の日〟がやってきた―子ども・親・地域が育つ香川・滝宮小の「食育」実践記』、自然食通信社。
・武政睦子、出口佳奈絵（二〇一六）小学生の食育講座参加による親子の食行動の変容、川崎医療福祉学会誌、26(1),71-78.
・平本福子（二〇一九）『食育の場をどうデザインするか』、女子栄養大学出版部。
・和田涼子（二〇一九）地域と家庭を結ぶ食育活動―子ども食堂におけるキッズ料理教室の試み―、日本家政学会誌、70(3), 166-168.
・内閣府：第二次食育推進基本計画（二〇一一）
・内閣府：第三次食育推進基本計画（二〇一六）
・文部科学省国立政策研究所：せいろ指導リーフ Leaf.18「自尊感情」？それとも、「自己有用感」？、https://www.nier.go.jp/shido/leaf/leaf18.pdf（二〇二〇年九月一一日閲覧可能）
・文部科学省（平成二八年）日本の子供たちの自己肯定感が低い現状について（第三八回教育再生実行会議の参考資料二）、https://www.kantei.go.jp/jp/singi/kyouikusaisei/chousakai/dai1/siryou4.pdf（二〇二〇年九月一一日閲覧可能）

（注）本章では「自己肯定感」「自己有用感」「自尊感情」を同じ意味合いで用いているが、採用する語句

は論文の著者の表現をそのまま抜粋し、掲載している。

（注2） 有識者ヒアリング等であげられた主な取り組みは、学校における異学年交流や児童会活動、職業体験や社会奉仕活動など、地域と関わりながら学ぶ体験活動を指す。

第5章

ワークショップの情報化と可視化のための参加型アプローチ

森　幹彦・小山田　雄仁・前波　晴彦

一　はじめに

近年、社会問題を解決するための学習活動として、ワークショップが盛んに行われている。ワークショップは、「主体的に参加したメンバーが共同体験を通じて創造と学習を生み出す場」（堀二〇〇八）である。実際に環境や教育などの社会問題に対して、参加者が頭を寄せ集めながら解決策を考えていく。この際には、ファシリテータと呼ばれる進行役が参加者と共に活動を進めていくことが多い。

ワークショップでは、様々な活動が同時多発的に行われるため、参加者が全体を把握することが難しく、これはファシリテータや開催者にとっても同じである。ワークショップでは議論を通して最終成果物を皆で作り上げていくため、最終成果物だけを見ても、その議論の過程や文脈を確認しにくい。そのため、最終成果物を評価するとき、妥当性を吟味することが難しくなる。

そこで、このようなワークショップの場では、従来から様々な記録法が提案され、実践されてきている。例えば、リアルタイムビデオと呼ばれるワークショップをビデオ撮影して終了までに編集を行って参加者への振り返りを促す手法が提案されている（福崎ら二〇一七）。また、壁一面に貼った模造紙にワークショップでの出来事を文字やイラストレーションなどによって描き可視化するドキュメントウォールと呼ばれる手法も提案されており（原田・須永二〇〇九）、これは一般に、グラフィックファシリテーションと呼ばれる活動過程に従って加えられる図示の方法のひとつと言える。しかし、活動全体に注意を払うものであり、個々の活動を詳細に追いかけるものとは言えない。

さらに、ワークショップに限定するものではないもののグループワークでの議論の活性度を測るために、各参加者の発話音量を計測する手法も提案されている（石川ら二〇一九）。ただし、このような指標化する方法では、やり取りの行われた状況は把握できても内容は後から把握できない。

一方で、単純にビデオ撮影して見返す方法は、開催時間と同程度以上の時間がかかることになる。これは、会話分析といったミクロに見ていくときには有用であっても、全体をすばやく見返すことには向かない。

活動過程を見返すことが必要になるのは、特に最終成果物に根拠を求められるワークショップの場合である。例えば、政策提言のためのワークショップ（Geurts and Joldersma 2001）では、参加した市民の意見を総合したものを最終成果物とする。そのとき、まとめられた最終成果物がどのような理由でそこに挙がっているのかを政策立案者が確認できる必要があり、その確認の過程を通じて妥当性が吟味される。ここで、ワークショップでの成果物は、大判模造紙の一面に糊付き付箋紙（ポスト・イットが代表例）のメモが意味ごとにレイアウトされて貼り付けられているようなものが多い。しかし、政策立案者にこれを見せても議論の過程と最終成果物の妥当性を上手く伝えることはできないであろう。また、それを読み解く時間も政策立案者にはないことが多い。そこで、ワークショップの開催者が政策立案者に対して議論の経緯をまとめた文書を作ることが一般的に行われている。その際には、やはり開催者は最終成果物に至った経緯を確認していく必要がある。

このように、ワークショップでの活動過程を見返す手間はこれまで負担のかかる作業であった。従来もコンピュータ画面上であれば記録できるシステムはあった（森 二〇一四）。しかし、実際のワークショップでは物理的な大判模造紙や付箋紙を利用したメモを使う方が取り回しが良い。これは、広く市民の参加を呼びかけてワークショップをする際には、情報リテラシーの差異を気にしなくて済むという点でも優れている。

そこで我々は、情報システムによる自動収集、自動分析を経て最終的には自動要約までを可能にするための技術開発を行っている（Oyamada et al. 2019）。現在までに、独自仕様の付箋紙を用意し、付箋紙が提示されたときから自動追跡し、最終成果物に至るまでを書かれた内容とともに記録できるシステムを構築した。ただし、このシステムは追跡して記録することが目的であるため、最終成果物に至る経緯を確認するためには記録されたものを順に見ていくしかない。

そこで、そのような経緯を抽出して可視化する分析システムの開発が必要になった。システムを設計するにあたって、関係者の多くが漠然と思い描くだけの状況では、関係者ごとに求める形が異なることも多く、要求項目を詰めていく中でまとまらなくなることがある。そのような場合には、関係者がそれぞれの持つ目標地点のイメージを共有することが重要な鍵となる。そのために、我々はハッカソンと呼ぶワークショップ型のアイディア共有活動を行うことにした。その際に、このハッカソン自体を先述の付箋を自動追跡するシステムにより記録することにした。自らの活動の中でこのシステムの使用感を得ることを期待した。

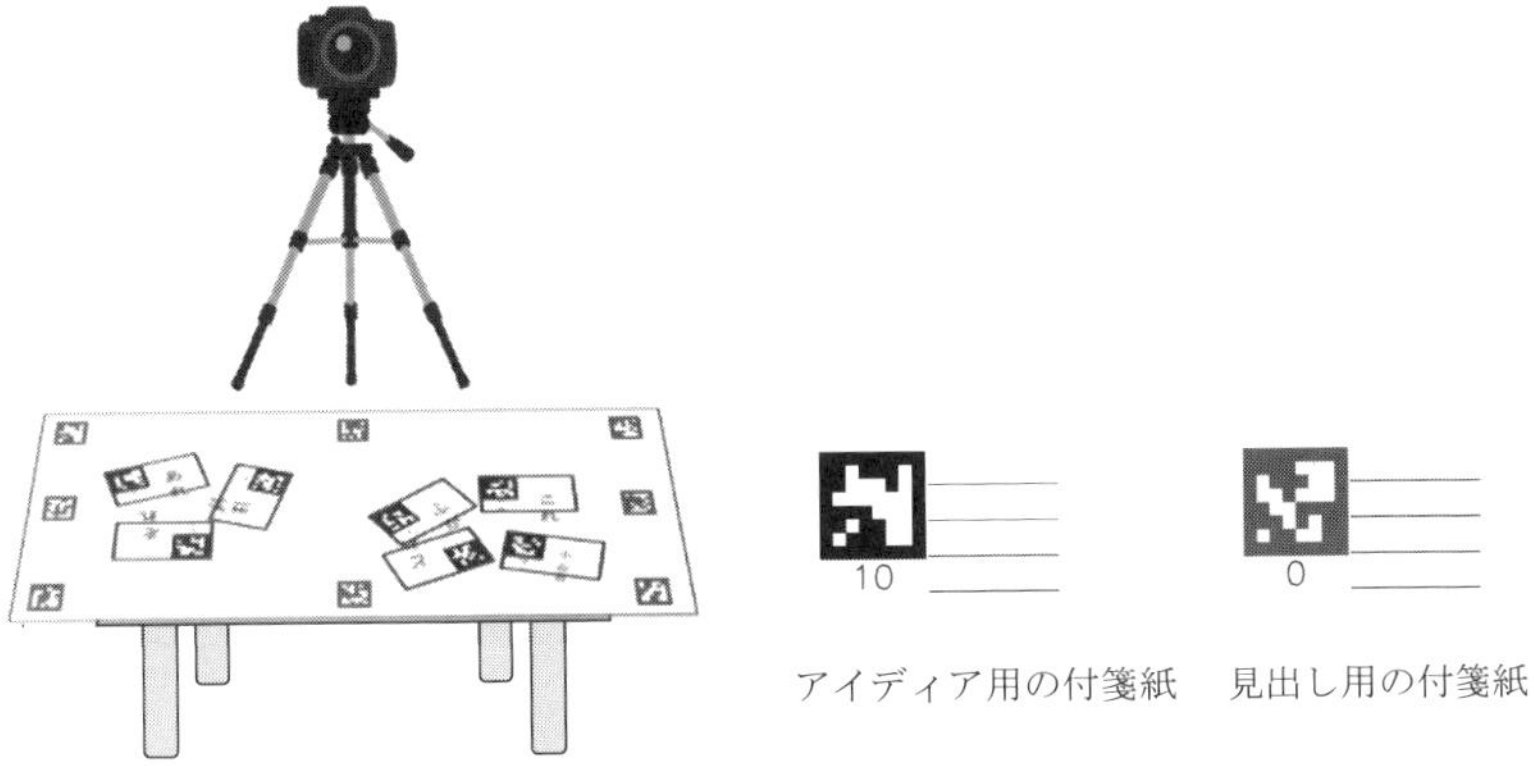

（a）アイディア活動追跡システムの設置方法

（b）アイディアを書き出すための付箋紙の形態

図１映像認識型のアイディア活動追跡システムとそのための付箋紙の仕様
（Oyamada et al. (2019) より転載）

以降では、当該システムの開発のために行われたハッカソンの議論過程を通じて、このようなワークショップを情報システムによって追跡し分析するという枠組みにおいて考慮すべき設計上の知見を示す。

二　アイディア活動追跡システム

我々がこれまでに構築したアイディア活動追跡システム（以降、追跡システムと呼ぶ）の概要を述べる。この追跡システムは、付箋紙をカメラによって自動追跡して各時点での位置を記録するものである。また、それをビデオ映像上に重畳させて表示することが可能である。

このような追跡を行うために、このシステムでは独自の情報を付箋紙上に印刷している。付箋紙は図1(b)に示すようなものである。左上にある矩形の模様は、カメラで個々のマーカーを一意に識別できるＡＲマー

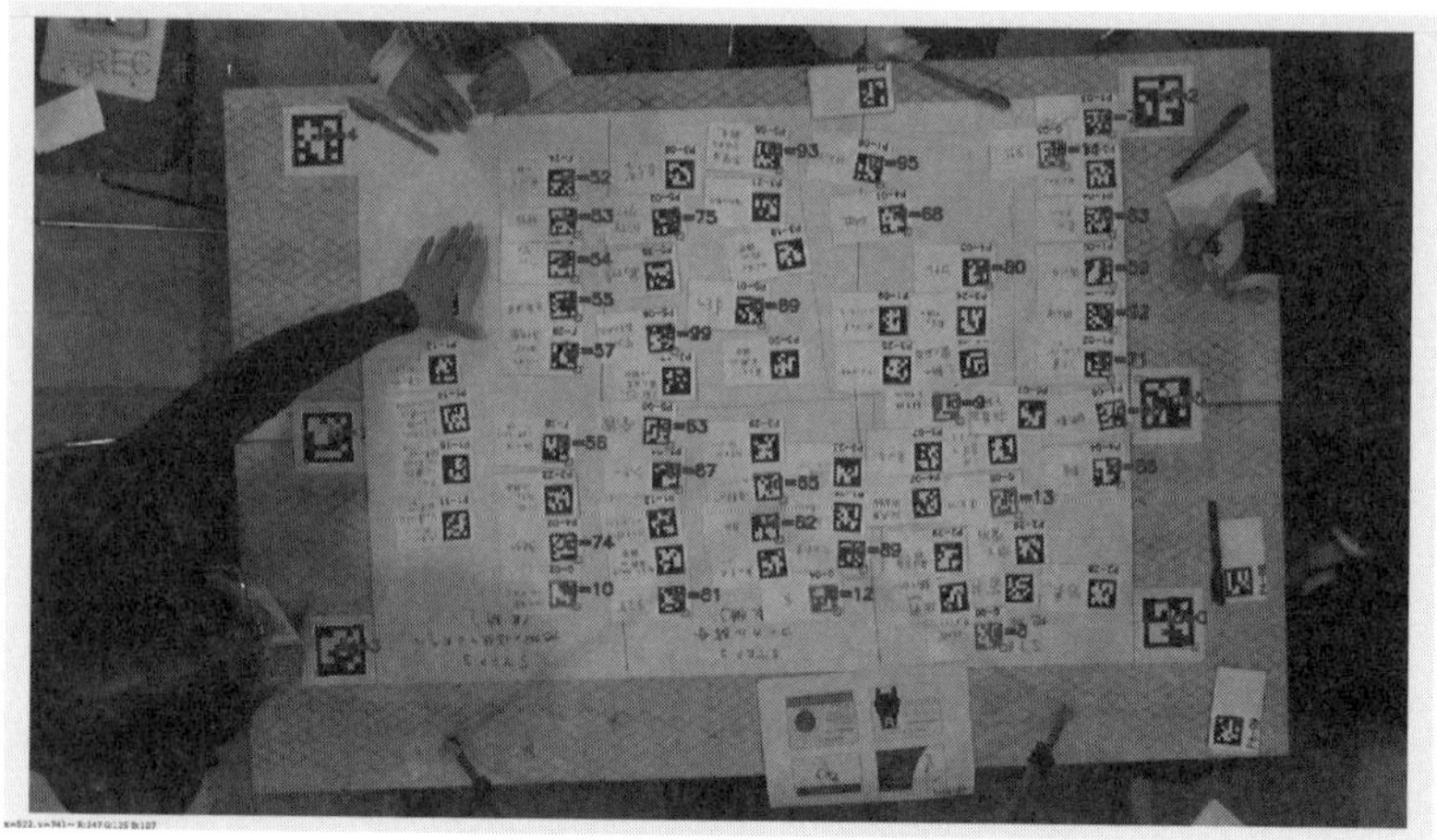

図２　実際の活動中の認識例

カーと呼ばれる模様である。ＡＲマーカーの下に書かれた数値（この図では、10や０）が、それぞれの模様が示すマーカーのＩＤであり、利用するワークショップの中で一意になっている。

さらに、ＡＲマーカーの大きさと付箋紙の大きさに一定の規則を設けていることから、ＡＲマーカーの大きさと形状（傾き）を認識することで、付箋紙の外枠を検出でき、付箋紙を個々に切り抜くことが可能になる。したがって、映像中の付箋紙を画像として個別に取り出すことが可能になった。

この追跡システムを実際に政策提言のためのワークショップで利用したときの一場面を図２に例として示す。この図では、机の上に活動の盤面となる模造紙を広げ、その中に付箋紙を配置している。境界を示す六箇所のＡＲマーカーが模造紙の端点を示している。こうすることで模造紙の範囲を検知し、模造紙外に置かれた未記入の付箋紙と、盤内に置かれたものを区別することができる。

三　アイディア活動分析システムに向けて

追跡システムは、付箋紙の位置を追跡して記録するだけのため、実際に活動内容を遡って経緯を確認しようとすると、ビデオ映像を見返すのと同等の困難さが残ったままになっている。しかし、付箋紙が位置情報として数値化されていることと、ビデオ映像にその時々の音声や上から見た参加者たちの動きが記録されていることから、これらを用いて活動状況を把握する指標の計算手法が検討できる。

そこで、付箋紙の移動や音声などの映像上での情報を手がかりに、活動の変化点に注目し、より簡便に最終成果物に至る経緯を抽出して可視化する分析システムを検討することにした。このようなシステムを構築する場合に実務上は、システム設計者や実装者と、利用者（この場合なら、ワークショップの最終成果物を見返して文書化する担当者）との打ち合わせを重ねていく必要がある。それが成功するには、利用者がシステムの最終形を確固として持っていなければならない。しかし、今回の場合、付箋紙の位置情報からどのような状況を見いだすべきなのか、どのようなユーザインタフェースにすれば最終成果物から時間を遡って辿れるのかなどの手法を明確に見いだせている訳ではなかった。これらを関係者の中で表出化して目標状態を共有することにより、設計から実装までをスムーズに進めようと考えた。そして、その手段のひとつとして後述するようなハッカソンを実施することにした。

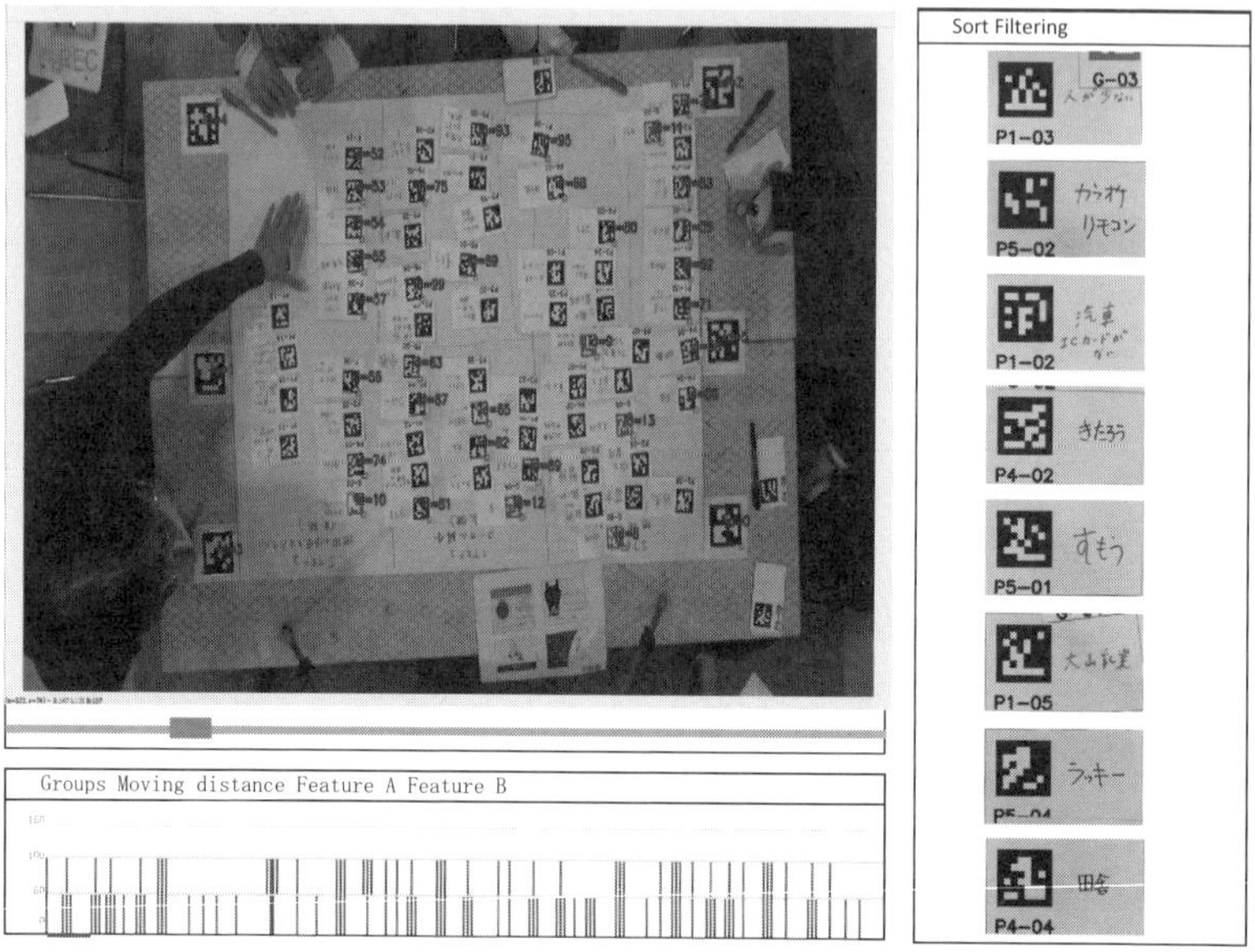

図３　アイディア出しのたたき台としてのペーパープロトタイプ

四　ハッカソン

ハッカソンは、情報システムを設計や開発するにあたって、ステークホルダーを広く集めてシステムの可能性を発散的に追求し、プロトタイプを作り上げていく活動である。[注二] 分析システムを開発するにあたって、筆者らもハッカソンを開催した。

四．一　概要

このハッカソンでは、筆者らが自らを参加者として開催した。筆者らは、先に挙げた追跡システムの開発者でもある。森は、ワークショップの活動の分析を行うことに興味を持っている。小山田は、映像認識に興味を持っている。前波は、ワークショップを開催して得られた最終成果物を文書化する際に省力化することに興味を持っている。追跡システムの開発においても、このような興味と専門性に基づいて関与した。

このハッカソンは、二部に分かれており、同日の午前、午後に分けて開催した。第一部では分析システムの機能について議論し、第二部ではそのシステムの将来像について議論をした。それぞれ議論が一段落するまでを区切りとしていて、一時間あまりの時間を掛けた。第一部のアイディア出しをする際の開始点となるペーパープロトタイプとして、図3を用意した。

この議論の過程を確認するために、自らの追跡システムを用いて使用感を確認しながら実施することにした。以降では、追跡システムの記録を手がかりに、その議論の過程を示す。

四.二　議論過程

ここでは、ハッカソンにおける参加者の行動やインタラクションに注目する。ここに載せるものは議論過程の概要に留まるものであるが、議論対象が同じシステムで同じ参加者であっても、議論の変遷は多様であることを示そうとする。

分析システムの機能について議論する第一部において、その議論過程は次のようになった。最初は、ペーパープロトタイプを見るなどしながら黙々とアイディアを付箋紙に書き出していった。八分後に、小山田の「ネタが尽きた。」との発言があった。この段階で二三枚の付箋紙が提示されていた。その後、それぞれが相手の出した付箋紙の内容について確認するなどの会話が行われた。その後、

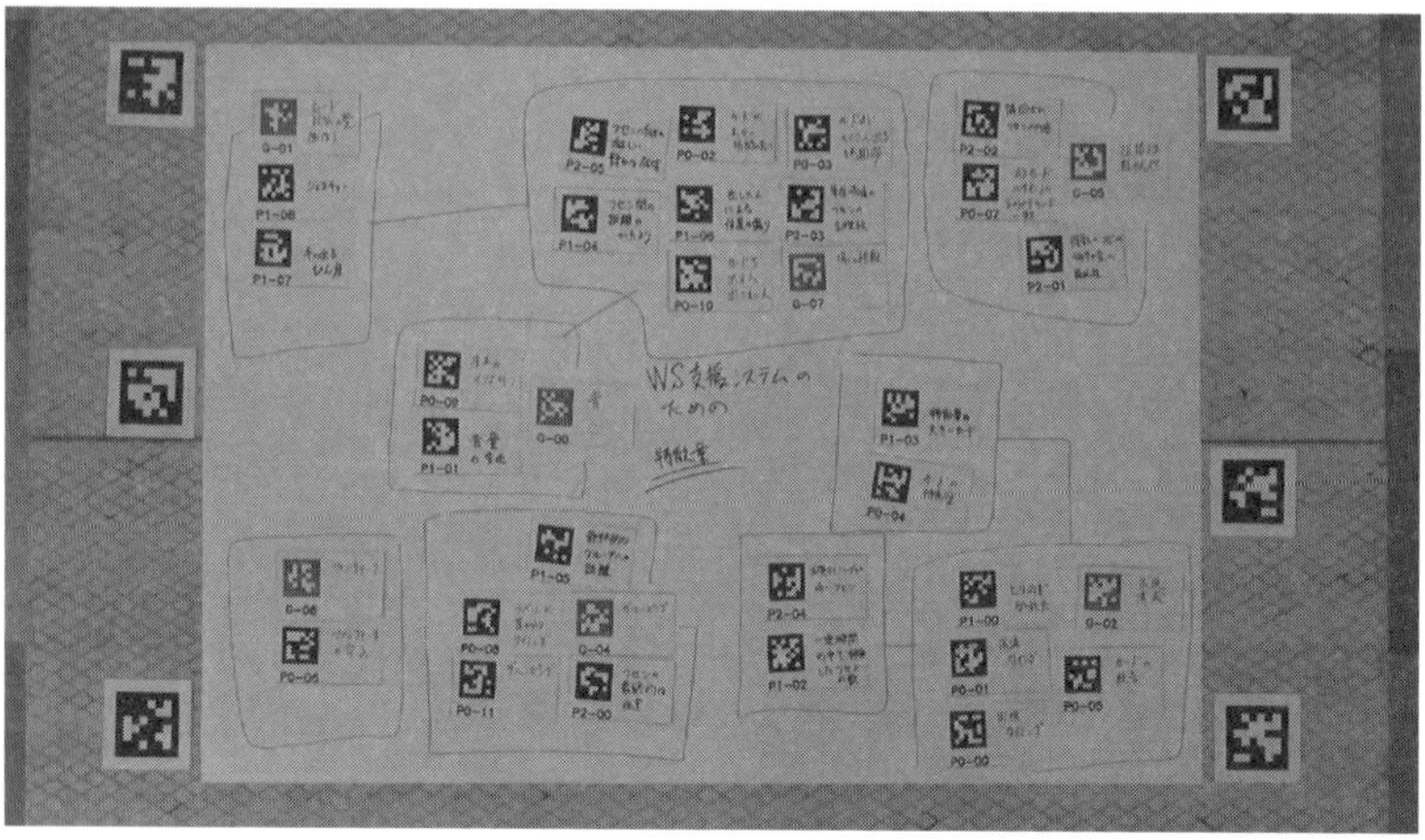

図４　ハッカソン第１部「分析システムの機能」の最終成果物

二枚の付箋紙が森と前波から出された。

一五分の段階で、前波の「とりあえずグルーピングをしてみますか。」との発言と共に、内容の類似する付箋紙を集めるグルーピング作業が始まった。前波が中心となり、付箋紙に書かれた文字を読みながら、意図を尋ねて説明を受けながら付箋紙の移動を始めた。二〇分には、グループに対する見出し用の付箋紙が初めて提示された。

二五分の段階で、付箋紙群をグループごとに大きく動かし、位置関係を修正し始めた。付箋紙の内容やグループの意味を議論する中で、グループ間の違いに注目した小山田の発言を受けてグループの位置関係を意識する議論が始まり、グループの位置関係を修正し始めた。その後、付箋の内容について語り合う時間と、グルーピングを進める時間が入れ替わりながら進んだ。グルーピングでは、必要に応じてグループ名の見出し用の付箋紙が出された。また、あるグループに所属する付箋紙を別のグループに組み替えるといった作業も頻繁に起こっていた。

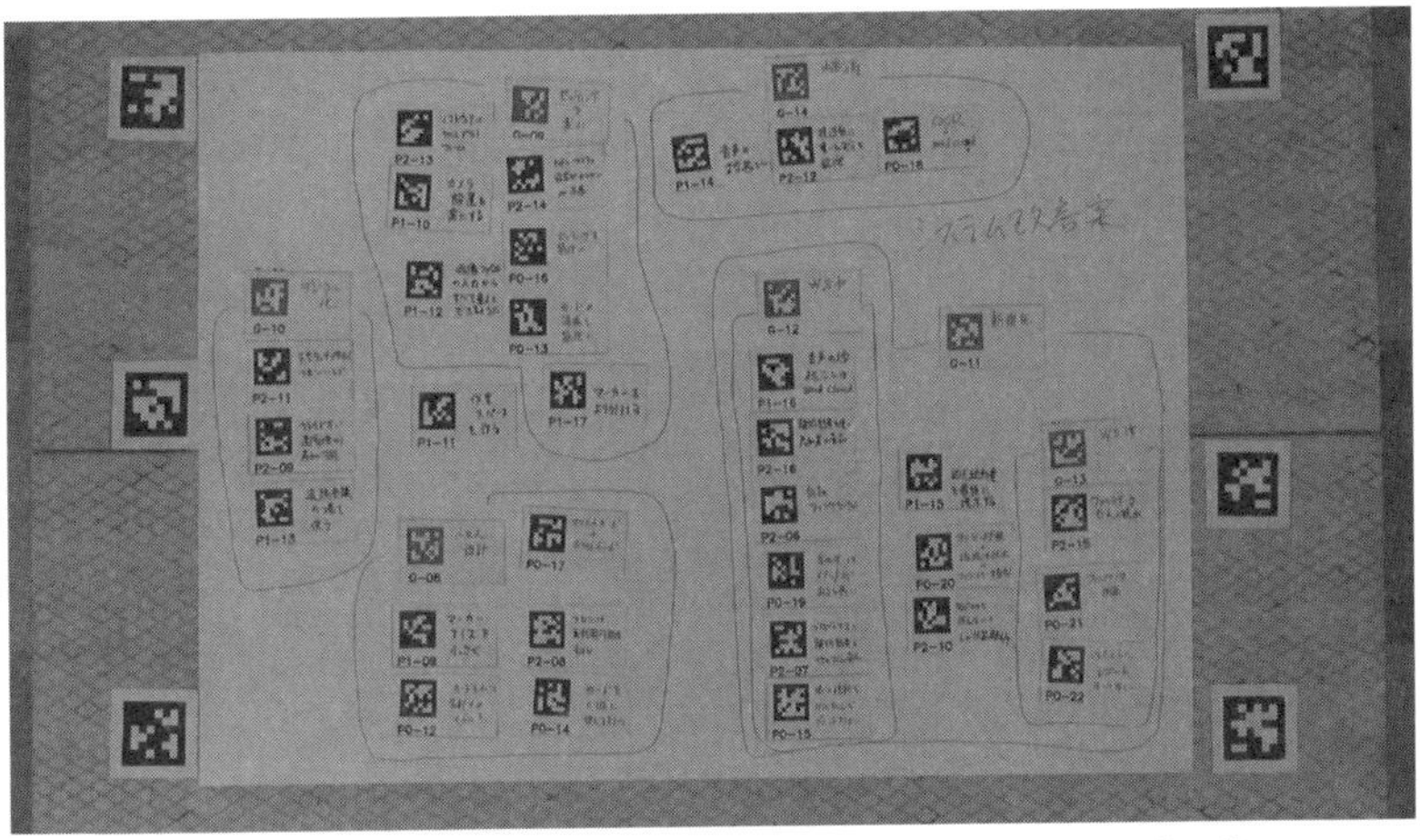

図5　ハッカソン第２部「分析システムの将来像」の最終成果物

グルーピングは、四六分の段階で完了した。その後は、位置の微調整を除いて、グループ間での付箋紙の移動やグループの位置の大幅な変更は行われなかった。その後も、それぞれの付箋紙の内容について議論が起こり、互いの認識を共通理解とする活動が行われた。

一時間一一分の段階で全体を説明する課題名として「WS（ワークショップ）支援システムのための特徴量」と付けて終了となった。最終的に二七枚の付箋紙が提示された。七グループと、ある一グループの周辺に配置された二つのサブグループの中のいずれかに付箋紙は配置され、合計で九グループができた。見出しのあるグループは、「音」「カード以外の量（動作）」「出現・消滅」「グルーピング」「近接性・類似性」「ファシリテータ」「場の情報」であった（図4を参照のこと）。

次に、分析システムの将来像について議論する第二部において、その議論過程の概要は、次のようになった。

開始当初は、第一部と同様に黙々とアイディアを付箋紙に書き留めて出す作業を行った。ときおり、会話が起こった。一〇分の段階で、森は「完全に出遅れているみたいでまずい。」との発言とともに手が止まり、他の二人も一二分の段階で手が止まった。この段階で二四枚の付箋紙が提示された。

その後は終了まで口頭での議論が進むことが多かった。議論の内容も、森や小山田が要素技術の適用について話題提供し、前波がシステムの適用先となる現場について話題提供することが多かった。

二〇分の段階になって、おもむろにグルーピングがはじまった。二五分には、見出し用の付箋紙が初めてグループに適用された。この段階でのグループの位置はしばらく大きく変えることはなかった。その後も次々に見出し用の付箋紙がグループ名として利用されていった。

二七分の段階で、小山田の「グループの中にグループを作りたいですね。」との発言に基づいて、グループの中に見出しのついた二つのグループを置くことにした。その後に大きなグループの位置を変える操作はなかった。

二九分の頃になると手が止まった。小山田が各付箋紙の内容について触れながら会話を始めると、自然と小山田が中心となって全体を見渡した議論の主導をするようになった。これは三二分頃まで続いた。

その後も、議論に応じてそれぞれが付箋紙に新たなアイディアを書き留めて提示し、関係するグループの中に配置する行動が何度も見られた。また、グループ間で移動する付箋もあった。

一時間二二分の段階で、全体を説明する課題名として「システム改善案」と付けて終了となった。最終的に三一枚の付箋紙が提示された。五つのグループと、ある一グループの中に配置された二つのサブグループのいずれかに付箋紙が配置され、合計で七グループができた。グループ名は「内容分析」「付箋設計」「セッティングを楽に」「デジタル化」「新機能」で、「新機能」グループにはサブグループとして「WS中」「WS後」があった。ただし、どのグループにも属さない付箋紙が一枚あった（図5を参照のこと）。

五　考察

ハッカソンの議論過程の記録から、このような活動を記録して追跡し分析する際の注意点と、情報システムによって追跡し分析するという枠組みにおける設計上の知見を次に示す。

第一部と第二部のいずれでも、最初の数分間に多くのアイディアを付箋紙に書き出す作業を行っていた。これは、典型的なワークショップの活動であり、普遍性がありそうだ。

一方で、第二部の課題設定の影響からか、第二部では実現性のあるものから現状では実現が難しいものまで多様なアイディアが示された。また、第二部では前提となる追跡システム自体への言及があって、前提条件を意識しているように見える場面もあった。課題によってアイディアの自由度が決められたと言えるだろう。

第一部では活動の最初でほとんどの付箋紙が出されたのに対し、第二部ではある程度のまとまった付付箋紙が出た後にも、議論の進展にしたがって付箋紙が出る傾向があった。グルーピング作業の進展も同様である。同じ参加者によるほぼ同じテーマであっても、少しのテーマの違いで活動が変わることが分かる。指標を検討する際には、このように多様な議論過程の様相を捉えられるものにしなければならない。

ハッカソンという場の進展について考えると、この二つのハッカソンはどちらも明確なファシリテータはいなかった。その場の状況に応じて、主導的役割が変わりながら議論をして内容を深める活動が続いていた。これは、この参加する三名が共同研究を通じて既知であることが大きい。このような場合、ファシリテータ不在の手法でも十分に活動を遂行可能であると言える。

議論の場面では、指やペンなどで付箋紙を直接指したり、付箋紙群の上で円を描いて指し示したりする行動が起こっていた。ただし、ごく稀に指による指示を行うために手を出した際に、手に持つ未記入の付箋紙が数秒だけ模造紙上に現れることがあった。これらのような状況に対してもある程度の対応が必要である。

以上のことから、ハッカソンなどワークショップをシステムが扱う際には、我々の活動記録から次のようなシステム要件があることがわかった。

一般に、アイディアが尽きるまで付箋紙を出した後に次の作業に移るタイミングがあるが、その後にさらに出される付箋紙の数は課題設定やその自由度によって左右される。グルーピング作業の進行も、出きった後の付箋紙の出方に左右される。したがって、作業の段階を単純に付箋紙の出方だけで判断することは難しいと言える。また、このような場面の変化は、典型的にはファシリテータが制御するものとされているが、明示的にいなくても進む場合もある。明示的なファシリテータがいるときでもファシリテータだけが作業段階を変えるとは言えない可能性もある。

そうとはいえ、アイディア出しからアイディアの確認をしつつグルーピングをしていく作業段階の遷移は、一般的なワークショップで典型的な作業の流れと言える。これは、今回のハッカソンでも自然に行われており、おおよそこの段階の遷移に注目することは有用と言える。このような流れを分析する際の指標に取り入れると良いだろう。

技術面に注目したとき、付箋紙が意図せずに模造紙上に見えてしまうことは避けられないこともわかった。追跡システムにおける付箋紙の識別方式か、分析システムにおいて一時的に認知された場合にそれを無効化する処理を加えることで、このような事態に対応する必要がある。将来的には、指やペンなどで付箋紙を指し示す動作から注目すべき付箋紙を検出することも必要と言える。

六　まとめ

ワークショップの成果物の根拠は、その過程を示すことで実現できると考えた。そのためには、ワークショップの活動を振り返り、そこに至る経緯を確認する必要がある。そこで、我々はワークショップのアイディア活動に対して付箋紙を追跡する既有のシステムから得られる情報を基に、その情報を分析するシステムの構築を検討することにした。設計指針を立てるために我々自身でハッカソンを実施した。その際に、追跡システムを用いて使用感を実感しながら行った。

本稿では、ハッカソンでの議論過程からこのような活動を追跡し分析するために求められるシステムの要件を活動の中から分析した。このような活動を情報システムによって記録して追跡し分析する際に、課題の自由度の影響を受ける一方で、ワークショップの典型的な流れに沿っていることを手がかりに指標化していけることが示唆された。

現在、本稿で得られた知見に加えてハッカソンでまとめられた意見に基づき、分析システムを構築しているところである。今後は、本稿でのハッカソンの事例を適用して分析作業が効率化されるかを確認したい。

注

一　ハッカソン（hackathon）は、hack（システムをいじりまわす）とmarathon（マラソン）を組み合わせた造語で、短時間でプログラミングに集中する活動を指す。プログラミングワークショップと同等のイメージであるが、専門家が頭を寄せ集めて活動するイメージがハッカソンにはある。実際にはそれほど明確な差はなく、システム開発を意図する協同活動をハッカソンと呼ぶことが多い。本稿でのハッカソンもその位置付けで呼んでいる。なお、特に、システムを作るにまでは至らないにしても明確にしていく過程に対して、アイディアソンと呼ぶこともある。

参考文献

Jac. L.A. Geurts and Cisca Joldersma (2001) Methodology for participatory policy analysis. European Journal of Operational Research, Vol. 128, No. 2, pp. 300–310.

Yuji Oyamada, Mikihiko Mori and Haruhiko Maenami (2019) Vision Based Analysis on Trajectories of Notes Representing Ideas Toward Workshop Summarization. Proc. 33rd Annual Conference, 2019, pp. 1–4.

石川誠彬、岡澤大志、江木啓訓（二〇一九）発言状況に基づく議論時間の調整が参加者の主観評価に及ぼす影響。情報処理学会GN研究会、No.9, pp.1-8.

原田泰、須永剛司（二〇〇九）ドキュメンテーション・ウォールによる出来事の視覚化。日本デザイン学会研究発表大会概要集、vol. 56, No. B14.

福崎千晃、曽和具之、池本和弘（二〇一七）ワークショップにおける記録と省察、日本デザイン学会研究発表大会概要集、vol. 64, pp. 38-39.

堀公俊（二〇〇八）ワークショップ入門。日本経済新聞出版。

森幹彦（二〇一四）フィールド調査による情報の整理支援システムの提案。情報教育シンポジウム論文集、Vol. 2014, No. 2, pp. 195-199.

第6章

エンゲイジメントを“引き出す”

藤巻　貴之

はじめに

これまで心理学はネガティブな心的感情に関する研究が多く報告され、その結果として臨床的課題に対する解決の道筋を示してきた。私たちの日常でも、〝嫌なこと〟〝不快なこと〟が起こらないように願っているのではないだろうか。しかし、仮にこのネガティブな状態から逃れられたとして、私たちは幸せなのだろうか？　それは、まるで危険だからといって自らを安全なカプセルに閉じ込めてしまうことにもなり得る。私たちには、社会との関わりが強く求められ、自分ではコントロールできない事態にも遭遇する。それでも、社会との関係を断ち切らずその中で生活する必要性があり、そこから逃れることはできないのであろう。古くはアリストテレスが人間は〝社会的な動物〟であると提唱し、よく生きるための共同体を目指す本能があることを述べている。

これまで著者は二〇一七年に『ソシオ情報シリーズ17』において〝社会を生き抜くためのポジティブ心理学〟と題し、経済学的なアプローチによる幸せに関わる議論を整理し、ポジティブ心理学の概念について概観した。翌二〇一八年には、〝対人関係から考えるポジティブ心理学〟として他者と関わりが豊かを増大させることを説いた。そして、二〇一九年には具体的な事例として〝学生が地域活性化活動に参加する意義と効果測定への試案〟の中で、大学生が地域連携活動においてどのように地域住民と関わるのかの事例を示しながら、測定指標の必要性についてまとめた。

これまでの執筆内容に共通しているのは人である。対人関係を豊かにすれば自らの生活も豊かになるという前提のもとで執筆してきた。この考え方は古くから様々な分野で当たり前とされることかもしれない。しかし、実際の生活を考えればその〝当たり前〟のせいで感情が揺さぶられ、他者によって不安にもなれば、踊り出したくなるほどの喜びを感じることもあるだろう。

本稿では、私たちが〝楽（らく）に〟ではないが、豊かな日常生活を送っていくための提案として、〝のめり込む〟ことの素晴らしさについて解説していく。

ポジティブ心理学

まず、ポジティブ心理学の全体像を紹介したい。「ポジティブ心理学は個人の人生、地球上の持続的幸福量の増大を目指している。」この一文は途方から目指していると感じるであろう。しかし、心理学の歴史を振り返ると多くの研究成果は、ネガティブな状態やそれを誘発する要因を明らかにし、その構造の理解がなされてきた。実証的成果はネガティブ要因の排除・抑制である。これらの研究により救われた人も多いであろう。

しかし、近年ではネガティブ要因の排除・抑制により人を豊かにすることには限界があり、直接ポジティブ要因を検討する必要があると考える流れがある。そのためには、〝豊さ〟を直接研究対象とし、その構成要素の測定能力を高めることを目指している。

“Well-Being”の概念

ポジティブ心理学でキーとなる概念は“Well-Being（主観的幸福感）”である。“Well-Being”は言語的には〝良いや健康（well）な状態〟を示す言葉である。ポジティブ心理学においては、ヒトの豊さを検討する際の研究対象である。Well-Beingは構成概念であり、以下の五つの要素によって成立していると考えられている。一．ポジティブ感情（Positive Emotion）、二．エンゲイジメント（Engagement）、三．関係性（Relationship）、四．意味・意義（Meaning）、五．達成（Achievement）がある。これら五つの頭文字をとって「PERMA」と表される。これらの構成概念を主観的な指標のみに頼るだけでなく、客観的な捉え方を取り入れている。セリグマン（二〇一四）は、以下のような言葉で説明している。「Well-Beingとは構成概念であり、幸せとは「もの」である。本物とは直接測定できる「実在物」のことで、そのような実在物は操作できる。そして、具体的な測定によって実在するものが決まる。」この言葉からポジティブ心理学はポジティブが研究対象ではなく、〝本物〟であるWell-Beingの構成概念を理解することが、幸せの理解を深めると説明している。

そもそも、なぜ“Happiness（幸福論）”じゃダメなのと思う方も多いであろう。先ほど紹介したセリグマン（二〇一四）は、以下の三つの指摘をしている。

一．明るい感情は、幸福を測定しているとは言えない。肯定的な感情は一時的な内的状態の表出である。そのため、調査時の肯定的な感情を指標として、ひとが幸福であるかを判断することはできない。逆に、ある時点において否定的な感情が生起しているから、不幸であるということもできない。

二．幸福論では、「人生の満足感」を判断指標としている。先に挙げた課題に対してその瞬間ではなく、人生に対する満足感を測定した場合においても、「あなたは自分の人生に満足していますか？」という問いに答えることはその時点の気分や感情を反映したものとなる。また、その問いを大学生に質問しても、実感が湧かないであろう。そのため、人生に対する満足感を測定することは幸福感を捉えているとは言えず、対象者は高齢者に限定される。

三．ポジティブ感情、エンゲイジメント、意味・意義の三つの要素が「人がそのものの良さのために選ぶ」という幸福論の理論では説明しきれないことを指摘している。

これらのことから、〝Happiness（幸福論）〟ではなく、Well-Being の重要性を説いている。

エンゲイジメント (Engagement)

本稿の本題であるエンゲイジメントについて説明していく。このエンゲイジメントは、能動的な関わりとその活動自体を楽しむ・没頭することである。自分自身が楽しい・何かにのめり込んでいる感覚であり、主観的と言える。ただし、エンゲイジメントの測定は過去を振り返って、その時の〝状態を回想〟していることに留意する必要がある。他のことを全て忘れて没頭している状態を「フロー」という。ミハイ・チクセントミハイが提唱したフロー理論はエンゲイジメントの重要な要素になる。

本稿では、このエンゲイジメントについて〝フロー理論〟と〝ワーク・エンゲイジメント〟から説明したい。

フロー理論

チクセントミハイは、「フロー」の概念を以下のように説明している。

一つの活動に深く没入しているので他の何ものも問題とならなくなる状態、その経験それ自体が非常に楽しいので、純粋にそれをするということのために多くの時間や労力を費やすような状態。

(チクセントミハイ、*1996, p.5*)

高いレベルで没入できる体験とそれに伴う精神状態を示している。心理学の中では〝内発的動機づけ〟と〝外発的動機づけ〟の概念があるが、人が行動を及ぼす原因の探究とそのパフォーマンスや満足度が研究されてきた。この「フロー」は内発的動機づけにより活動に関する主観的な研究として評価されている。

フロー理論の〝楽しさ〟の要素

フロー状態はある特定の活動に対して、報酬が与えられるか否かに関わらず、その活動から快を得ているることである。フロー理論による〝楽しさ〟（快）について、一部を以下にまとめる。（チクセントミハイ、1996, pp.58-73）

快楽は、生物学的なプログラムや社会的条件づけによって設定された期待が叶った時に生じる満足の感情であり、心理的エネルギーの投射が必要となる〝楽しさ〟とは区別する。〝楽しさ〟は、満足を超え、予期しなかったことを達成できた時に得る感覚であると説明している。この前向きな（新規な感覚、達成感覚）が楽しさには欠かせないのである。〝楽しさ〟についてチクセントミハイの例を借り〝食〟から考えると、誰しもが食べる行為によって快楽を得ることは可能である。しかし、食を〝楽しむ〟ことは満足を得るよりもはるかに難しい。

楽しさの構成要素は以下の八つにまとめられている。

第一に、通常その経験は、達成できる見通しある課題と取り組んでいる時に生じる。

第二に、自分のしていることに集中できていなければならない。

第三及び、第四として、その集中ができるのは一般に行われている作業に明瞭な目標があり、直接的なフィードバックがあるからである。

第五に、意識から日々の生活の気苦労や欲求不満を取り除く、深いけれども無理のない没入状態で行為している。

第六に、楽しい経験は自分の行為を統制しているという感覚を伴う。

第七に、自己についての意識は消失するが、これに反してフォロー体験の後では自己感覚はより強く現れる。

第八に、時間の経過の感覚が変わる。（数時間は数分の内に過ぎ、数分は数時間位伸びるように感じられることがある。）（チクセントミハイ、*1996, p62*）

これらはチクセントミハイらが一二年以上掛けて行なってきた数々のインタビュー調査、質問紙調査等の結果を整理し、導き出したものである。調査対象者は、初期段階ではロッククライマー、作曲家、演奏者、アマチュア競技者などの、金銭や名声などの明確な報酬をもたらさない活動に多くの時間と労力を費やしている人々に調査を実施した。その後、普通の人々に対する面接調査も実施した。

フローで言われる最適経験は、目標に向かって、心理的エネルギーの投影を必要とし、適切な能力を発揮できる活動中に生じる。本稿では、以下の三点についてのみ言及したい。

能力が必要な挑戦的活動

競争的な活動や身体的活動は想像しやすく、ある一連の行動を上手く行うことによってその活動をより早く的確に行うことをと考えることができる。ただし、フロー体験は身体的活動に限定されたものでなく、読書や日常会話などにも生じる。読書は、フロー体験としてよく報告されるものの一つであり、他者との競争や身体的な能力が求められない。しかし、読書を楽しむためには語句の並びの規則性といった言語のルールの理解だけでなく、単語をイメージする、キャラクターへ共感する、歴史的・文化的背景を理解する能力などが求められる知的挑戦的な活動と言える。ここでいう楽しむための〝能力〟は、知的挑戦と身体的挑戦のための能力という意味を含んでいる。そして、重要なのは自身で知覚した挑戦的な目標が自らの能力と釣り合っている部分で生じている。

行為と意識の融合

また、フロー体験では、深く没頭しているので、その活動や行為自体を意識しなくなるということである。活動のための行為は自動化され、活動遂行に必要な刺激にのみ注意を注いでいる。これを〝行為と意識の融合〟と表現している。そして、〝フロー〟という言葉が表現しているように、個人の行為と意識が融合し、フロー（流れる）している経験が報告されている。その自然発生的な流れに乗った時、目的達成さえも意識から無くなり、ただ〝流れ〟に乗っている状態となる。この流れを体験するために、身体的な努力を行い、行動な知的活動が必要になる。フロー体験は、偶然生じる運の良いものではなく、努力の積み上げにより熟練・訓練された身体・知的能力の賜物であるとも言える。本を読み出したら、時間経過を忘れ、気づけば夜が明けていたという経験もあるのではないだろうか。

明確な目標とフィードバック

フロー体験のように没頭するためには、明確な目標と直接的なフィードバックが求められる。例えば、野球であれば投げられたボールをバットで打ち返すことを理解しており、それがうまくできたのか(打てたのか)が分かる。とてもシンプルな目標とフィードバックだと感じるが、シンプルが故に奥が深くうまく行う難しさと達成した時の喜びを想像することができるだろう。そのため、私たちがつまらない目標を選べばその目標を達成しても楽しさをもたらさない。一般的にも目標設定の重要性が説かれているが、その目標を選択する重要性を理解してもらいたい。本稿で話している〝楽しさ〟を得るための目標は、のんびりする・楽をする目標では体験することはできず、適切なフィードバックを伴うものである必要があることである。

最後に、チクセントミハイ(一九九六)による言葉を記しておきたい。

生活は楽しさがなくても耐えられるし、快しいものでさえあり得る。しかし、その快さは幸運と外的環境の協力がたまたま得られた時にしか起こらないという、心もたないものである。しかし経験の質を統制できるようになるには、日々のできごとの中に楽しさを組み込む方法を学ばねばならない。（チクセントミハイ、*1996, p.61*）

本稿で伝えたいことを集約している言葉である。自分の生活の豊かさを外部に期待するのではなく、自ら創り出すものであることを伝えたい。それは、修得可能なスキルであり学ぶ意志が求められる。その能力を持っている人が〝強い〟のであろう。

現代社会でエンゲイジメントが求められる理由

これまで、フロー理論について説明してきたが、その必要性について考えてみたい。現在、先進国における人口減少の課題等から一人ひとりの労働者が健康でいきいきと働くということは、労働者にとっても企業にとっても重要な課題となっている。ただし、これまでのメンタル・ヘルス対策（産業保健）と生産性（組織管理）は、それぞれが違った方向性を有しいている。産業保健の視点では健康を優先することで生産性を犠牲にすることになる。組織管理の視点に立ち生産性を高めようとすると労働者の健康にあまり注意を払わなくなる。このようにメンタル・ヘルス対策と組織管理それぞれの立場から、時には対立する関係となっている。

しかし、現実をみると労働者・企業を取り巻く経済状況は大きく変わり、組織が生き残るためには労働者一人ひとりが健康であると同時に生産性を上げる必要がある。二〇一〇年にWHO（二〇一〇）は「健康職場モデル；The WHO heathy workplace model」を、そして日本においても「健康いきいき職場モデル」が厚生労働省の研究班から提唱されている。これらのモデルに共通しているのは、労働者の〝健康〟及び組織の〝活性化〟の重要性を説いている点である。このような状況の中で、健康と生産性の両側面を充足させる考え方として〝ワーク・エンゲイジメント〟について紹介する。

〝ワーク・エンゲイジメント〟とは

ワーク・エンゲイジメントには以下の三つの要素がある。「一、仕事に誇りややりがいを感じている（熱意）、二、仕事に熱心に取り組んでいる（没頭）、仕事から加圧力を得て生き生きとしている（活力）」この三つの要素がそろった状態を示す言葉である。（Schaufeli et. al., 2004, 島津、二〇一四）これまで話していたフロー状態が一要素となっていることが分かる。また、これまでの研究からもワーク・エンゲイジメントが高い個人は心身の健康が良好で、活力にあふれ、仕事に積極的に関与し、生産性も高いことがわかっている。このような労働者を増やし、また同時に管理できる組織を高めることが重要であり、様々な方策が出されている。

ワーク・エンゲイジメントと既存概念の関係性

ワーク・エンゲイジメントと関連する概念は、バーンアウト（燃え尽き症候群）、職務満足感、ワー

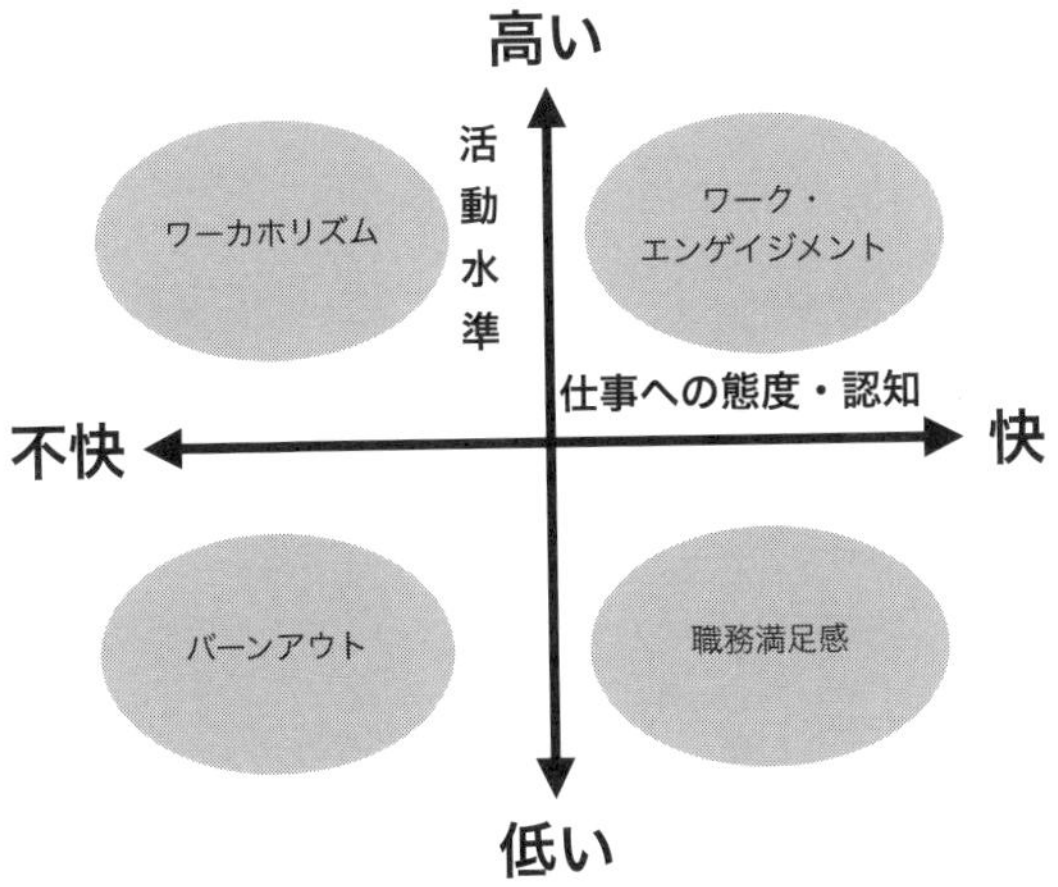

図1.ワーク・エンゲイジメントと関連する概念

島津明人(2015) "ワーク・エンゲイジメント：「健全な仕事人間」とは",
「DIAMOND ハーバード・ビジネス・レビュー論文」より著者作成

カホリズムなどがある。図1．はこれらの既存概念を〝活動水準〟と〝仕事への態度・認知〟の二軸で示したものである。とても分かりやすい関係図であるが、簡単に説明する。ワーク・エンゲイジメントとワーカホリズムは同じように活動水準が高いが、快－不快の水準で大きく異なる。〝働かなければ〟と脅迫的に感じているワーカホリズムに対してワーク・エンゲイジメントでは〝楽しんで働く〟と感じている。そのため、仕事に対して否定的な態度を持つワーカホリズムと肯定的な態度を持つワーク・エンゲイジメントで区別することができる。また、バーンアウトは仕事に対して過度なエネルギーを注いだ結果、疲弊してしまうことである。そのため、〝仕事への態度・認知〟・〝活動水準〟ともに低くなる。

　そして、職務満足感については、ワーク・エンゲイジメントと同意語に捉えられている場合もあるので解説する。職務満足感は、「組織メンバーが自己の職務および職務環境に対して抱く満足感のことである」とされている。（林、二〇〇〇）職務満足感は、より認知的側面を重視した概念である。図1．を見ると〝仕事への態度・認知〟が快になっているこのそのためである。しかし、職務満足には〝ゆったり〟という要素が入るため〝活動水準〟は低くなる。

より良く働く

前向きな仕事への姿勢は、企業にとっても働く個人にとっても有益なものとなる。そのため、先に述べたような取り組みが行われている。その取り組みは大きく二つの流れがあり、一．労働者個人が行う方策：個人の心理的資源を強化すること、二．組織が行う方策：組織内の資源を増やすこと、に整理される。一．労働者個人が行う方策による強化対象となる心理的資源としては、自己効力感（ある状況において必要な行動をうまく遂行できると、自分の可能性の認知）や自尊心、楽観性などが挙げられている。先にフロー理論で述べたように、〝楽しさ〟を創ることができるのである。すぐ飽きてしまうルーティンワークもやり方を工夫することで楽しくなる方策を自ら考えることができそうである。

最後に

本稿では、豊かな生活を送るための一つの考え方として〝エンゲイジメント〟を紹介した。楽しめるものを与えてもらうこと、よい環境を与えてもらうこと、を祈り不運に嘆くこともできる。しかし、同じことをするなら前向きに捉えてみるのも一つの手である。〝楽しむ〟ために努力し、〝楽しむ〟ために工夫し、その結果として生活の大半を占める仕事においても、プライベートにおいても充実するのではないだろうか。少なくともそれに向かって努力をする価値はあるだろう。

引用文献

チクセントミハイ、ミハイ（一九九六）「フロー体験　喜びの現象学」、世界思想社、（今村浩明訳）、p.5, pp.58-73.

林伸二（二〇〇〇）『組織心理学』白桃書房。

川上憲人（二〇一二）「労働者のメンタルヘルス不調の第一次予防の浸透手法に関する調査研究」平成二一－二三年度総合研究報告書、〈https://mental.m.u-tokyo.ac.jp/jstress/ H21 年度総括・分担研究報告書 p1-143r.pdf〉（2020/10/15 閲覧）.

マーティン・セリグマン（Seligman, M. P. E.）（二〇一四）「ポジティブ心理学の挑戦―〝幸福〟から〝持続的幸福〟へ―」ディスカヴァー・トゥエンティワン、pp.28-30, pp.48-51, p.53.

Schaufeli, W. B. & Bakker, A. B. (2004) "Job Demands, Job Resources and Their Relationship with Burnout and Engagement: A Multi-Sample Study," Journal of Organizational Behavior, 25, pp. 293-315.

島津明人（二〇一四）ワーク・エンゲイジメント：ポジティブメンタルヘルスで活力ある毎日を、労働調査会。

島津明人（二〇一五）ワーク・エンゲイジメント：「健全な仕事人間」とは、DIAMOND　ハーバード・ビジネス・レビュー論文、（九）電子版。
WHO (2010) Healthy workplaces: a model for action, <https://www.who.int/publications/i/item/healthy-workplaces-a-model-for-action>（2020/8/28 閲覧）

第7章

心豊かに暮らすための「コツ」をフィンランドから学ぶ

――フィンランド人の「モノ」との関わり方を通して――

竹山　賢

はじめに

本来であれば、二〇二〇年のこの夏は、五六年振りの東京を舞台にしたオリンピックが開催され、首都東京には、世界中から多くのアスリート、観戦を目的とした観光客が集まるはずだった。しかし、昨年末から、これまで聞き慣れなかった「新型コロナウイルス」が猛威を振るい、オリンピックどころか、世界中で多くの社会問題を引き起こす結果となった。わたしたちの所属する目白大学においても、遠隔講義にシフトするなど、これまで「あたりまえ」だったことが突然、享受出来なくなるというように、これまでのライフスタイルが大きく変化した夏になった。

私事で恐縮だが、二〇一〇年にフィンランドから帰国した後、先の東京オリンピックの主要な施設、駒沢体育館をはじめ、電波塔施設の設計に携わられた故 芦原義信氏が設計した建築作品の一室に、アトリエを構え、大学で教鞭を執る機会を頂きながら、個人でも創作活動に従事して来た。しかし、アトリエのある周辺環境の変化、建物自体の老朽化、私自身の身の回りの状況が変わることになった二〇二〇年の夏、この機会に、アトリエの引越しを決心をした。

そのような中、約一〇年間、私の創作活動を支えてくれてきたプリンターが、なぜか引越しの直前に悲鳴をあげ、どんな対処方法をとっても、正常に出力が出来ない状況になってしまった。まるで、私の「決断」に異議を唱え、反対するかのように。メーカーの修理窓口に問い合わせても、すでに修理用の部品はなく、対応出来ないとの返答。元来、私は「気に入ったものを長く、大切に使うタイプ」の人間ではあったが、残念ながら、いくつかの家財道具とともに、粗大ゴミとして、廃棄する決心をした。区のウェブページから、引き取りの日時を予約し、シール状になっている有料ゴミ処理券を買い求め、それを廃棄するものたちに貼って当日を迎えた。週末の早朝に、ゴミ収集車で、颯爽と現れた若い収集員たちは、爽やかに挨拶をしたと思った束の間、私の粗大ゴミたちを、トラックの荷台に放り投げ、あっという間に収集作業を終え、立ち去っていった。もちろん、彼らにとっては仕事であるし、私の後にも、収集を待っている方々が大勢いるのだろう。ただ、自分にとっては、一〇年の月日を共にしたプリンターたちが、「ゴミ」を現す処理券が貼られた途端に、とても粗末に扱われたことに、罪悪感だけでなく、多少の戸惑いを感じざるを得なかった。そして驚いたことに、私のもとに現れたトラックの荷台には、まだまだ使えそうな家具や道具が山の様に積まれていた光景にも、非常に考えさせられた。

自身の都合とはいえ、粗大ゴミを出したことで、この夏に目にしたその光景が、私自身の「モノ」との関わり方を反省する機会となった。東京オリンピック二〇二〇開催のために、国立競技場をはじめ、都内ではまだまだ使える建築物や施設が多数、取り壊された光景とも結びついて。そして、帰国前まで、仕事で滞在し、しばらく暮らしたフィンランドでは、この様な、建築の「スクラップ&ビルド」で、多くの粗大ゴミが廃棄される現場を目にしたことは、稀であったことも思い出された。ちなみに、先の東京オリンピックよりも三大会前、一九五二年にヘルシンキで行われた際のメインスタジアムは、今も大切にされ、多くの市民に愛される施設として存在している。この機会に、「ものつくり」に携わる一人として、これからの社会状況にフィットする「モノ」との関わり方を、私自身が暮らした北欧、フィンランドの優れたライフスタイルを参考にしながら、考察してみたいと思う。

一・三年連続　幸福度世界一位の国　フィンランド

世界中の国で、その国民を対象に幸福度の調査を行うと、北欧の国々が常に上位を占めるという状況は、ニュース等を通して、周知の事実であるだろう。今年二〇二〇年三月に公開された国連による世界幸福度調査結果において、フィンランドは三年連続で、世界で最も幸福度の高い国に選ばれた。デンマーク、スウェーデンという競合国を抑え、三年連続一位を獲得したニュースは、現地に暮らした者としては、嬉しいことであり、素直に納得できる結果でもあった。その一方、わたしたちの暮らす日本は、二〇一八年の五四位、二〇一九年の五八位、そして今年二〇二〇年には、さらに後退し、六二位だったという。その事実には、前半の嬉しい想いが吹き飛ぶほど、落胆させられた。

なぜ、この日本において、こんなにも幸福度を感じにくいのか。もちろん、北欧に比べ、地理的に、地震や台風をはじめ、自然災害がとても多い国であることは、順位を落とす要因の一つであると想像ができる。しかし、日本はフィンランド同様に治安も良く、美しい自然、四季を持つ国であり、豊富な「モノ」に溢れ、こんなにも最先端の「情報」が飛び交う国にもかかわらず、それらがまったく幸福度に結びつかないのはなぜなのか・・・わたしたち日本人は、本質的な意味においての「豊かさ」「幸福

図表1：Ranking of Happiness
(2017-2019)

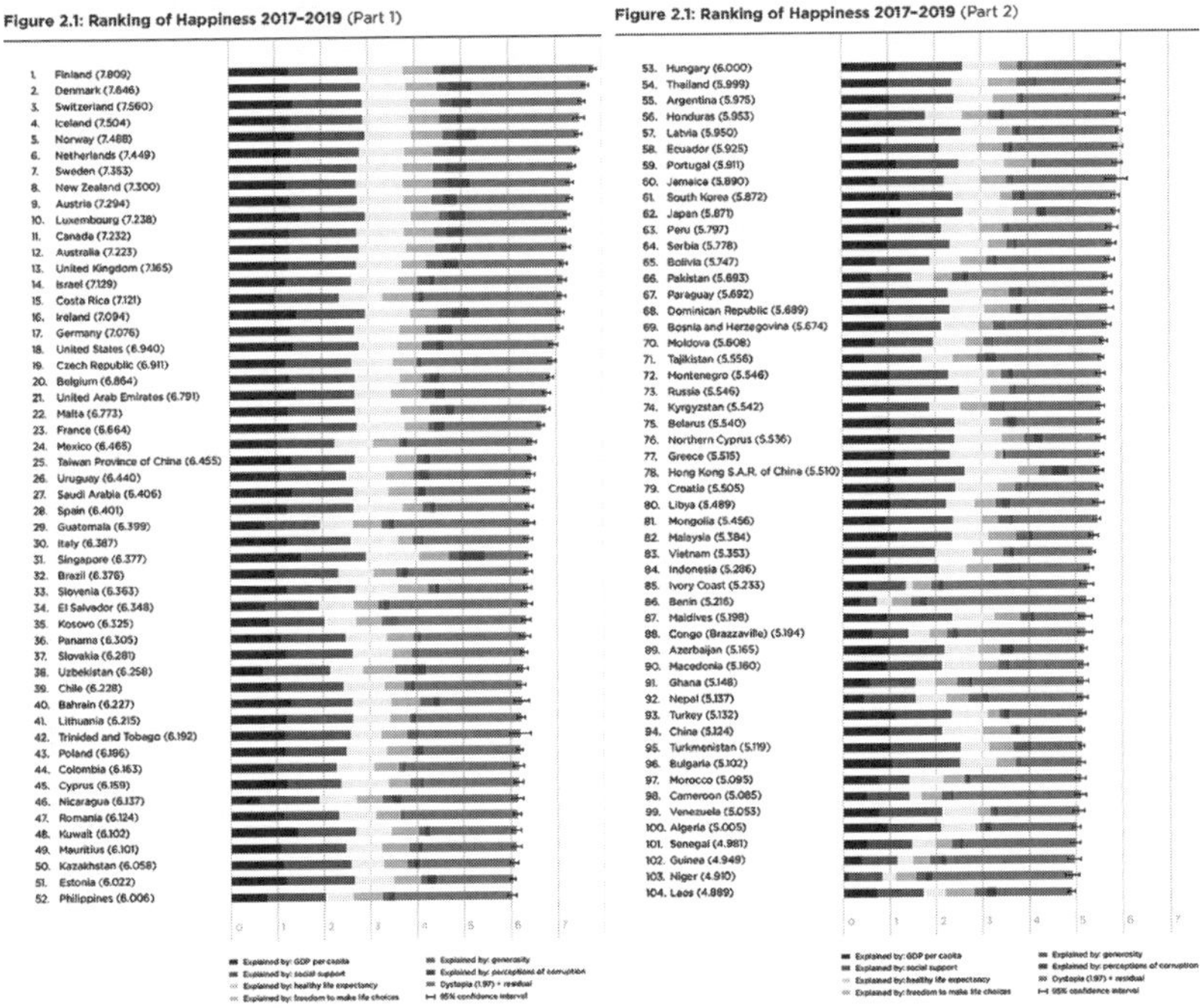

出典：World Happiness Report 2020

出典：Nokia社 ホームページより

写真1：Nokia 9000 Communicator (1996)

感」というものへの理解を、いつからか大きく間違えてしまっているのではないか。自身のフィンランドでの暮らしを思い返しながら、紐解いていきたいと思う。

二．世界で最初のスマートフォン

フィンランドを訪れたことがない人にとって、「フィンランド」と聞いて、イメージするのは、遠く北にある「辺境の国」というものかもしれない。日本に比べ、自然が多く、いわゆる「田舎っぽい」イメージがあるだろう。ここで改めて、敬愛するフィンランドのことを紹介をしたいところだが、詳しくはソシオ情報シリーズ17の第8章を読んで頂ければと思う。フィンランドの独立一〇〇周年の節目に、「フィンランド・デザイン　その優れたデザインが創出される背景」というタイトルで書かせて頂いた。そこで、フィンランドの地理的な特徴、国民性をはじめ、日本との共通点なども述べさせて頂いた。フィンランドに馴染みのない方々が抱きがちな、北欧の長閑な小国のイメージを払拭するためにも、ここで少し「脱線」して、一つの面白い事実を紹介させて頂けたらと思う。

わたしたちが普段、何気なく使っているスマートフォン。今では現代人の多くの者にとって、日常に欠かせない必須のアイテムになっている。「世界で最初のスマートフォンは？」と問われたら、アメリカApple社のiPhoneが最初に登場したスマートフォンとイメージされる方が多いことだろう。もちろん、スマートフォンの定義の仕方によっては、それは正しい答えなのかもしれない。しかし、世界で最初に開発され、登場したスマートフォンは、フィンランドを代表する企業Nokiaが開発したNokia 9000 Communicator（1996）という機種であったと考えられている。現在、主流の機械前面にボタンが無いタッチパネルタイプのスマートフォンを見慣れている人々にとっては、かなり前時代的な製品に映るかもしれない。iPhoneの最初のモデルが発表された二〇〇七年より、はるか一一年も以前のことである。

一見して、ノート型ＰＣをそのまま小型にした形状のデザインは、現在の視点で見れば、少し「古臭く」感じられる機種かもしれないが、そもそもスマートフォンという言葉、概念が一般的ではなかった時代において、携帯電話機能とＰＤＡ機能が一体となった端末自体が、非常に画期的な考え方であり、それをデザイン的に美しくまとめたNokia社の功績は非常に大きかったのではないかと考える。私の師匠であり、フィンランドを代表するデザイナー　ハッリ・コスキネンも、登場したばかりのこのNokiaのスマートフォンを愛用し、とても嬉しそうに、誇らしげに使っていた姿がとても懐かしく思い出される。

今ではNokia社は、携帯、スマートフォン開発の表舞台から退いた感があるが、業態をシフトし、今でもＩＴ業界の牽引役になっている会社の一つである。この一例の様に、北欧、フィンランドの「デザイン」を「テコ」に新しい製品を生み出す考え方は、昨今話題になっているキーワード「デザイン・ドリブン・イノヴェーション」が創出される以前より、当たり前の様に試みられ、北欧の小国フィンランドの製品が世界中のデザインシーンに大きな影響力を与える土壌を作り上げた、とても重要な考え方であったのではと推察する。国全体の人口が約五五〇万人のフィンランドは、確かに小国であるが、「ものつくり」において、とりわけ、デザインの世界においては、決して小国ではなく、むしろ世界的な「潮流」にも影響を与え得る大国と考えることが出来るのではないだろうか。

既述の幸福度に関して、フィンランドは、その豊かな自然環境故の、長閑で暢んびりした国だから・・・というイメージに、原因が由来していないことが少し理解いただけたのではないかと思う。その「環境」だけではなく、どうも、本当の「要因」は、フィンランド国民の「考え方」「精神性」といったものに由来するのではないか・・・。私がその様な想いに至った経緯をこの後に、述べていきたいと思う。

三．「デザイン輸出国」としての役割　アルテック社とイッタラ社の企業理念

「ものつくり」に関わるフィンランドの多くの企業にとって、「デザイン」の視点から、製品を生み出すことは「あたりまえ」のアプローチ方法だと考えられる。「森と湖の国」としても知られる自然豊か

なフィンランド。同国をイメージする際に、必ず登場するものがデザイン大国としての側面ではないだろうか？　機能性や合理性を追求しながら、どこか「温かみ」のあるフィンランドのデザイン。それらは、ガラス、陶磁器、家具、テキスタイル・・・フィンランドの多くのデザイン分野に共通する特徴であると言える。まさに「用の美」とも呼べる、これらのデザインは、フィンランド国民にとどまらず、世界的にも非常に人気を博し、多くの人々の暮らしに優しく寄り添っている。

では、その様な土壌が生まれた歴史についても、少し触れてみよう。二〇世紀の前半から、フィンランドのデザインは、様々なジャンルにまで及ぶ才能溢れるデザイナーたちによって支えられ、特に第二次世界大戦以降、一九五〇年代には、国際的な評価を得ながら、世界にも広く知られる様になった。フィンランドの自然豊かな風土が、彼らデザイナーのインスピレーションとなり、製品となった作品の多くが、美しい自然の情景をモチーフにしていることからも理解できるだろう。ソシオ情報シリーズ17においても詳しく書かせて頂いた。参考にして頂けると幸いである。

では、具体的にフィンランドが自国の「強み」として、デザインに注目しはじめたのは、どの様な契機であったのかについて、考察してみたいと思う。フィンランドは日本同様に、第二次世界大戦後の困難な状況から復興を遂げ、その発展の中で「黄金時代」と呼ばれる時代を迎えた。フィンランドの豊かな自然、そして民族叙事詩「カレワラ」に由来する独自の文化。さまざまな自然のモチーフをデザインに応用する革新的な手法は、重要なキーワードの一つになるだろう。

その「革新性」が、デザイナーの感性と共鳴し、海外の展覧会でも国際的な高評価を得る原動力になったのではないだろうか。特に、一九三九年に開催されたニューヨーク博覧会において、フィンランド館の設計を担当した建築家アルヴァ・アアルトの作品の功績が大きいと考えられる。フィンランドの特異な自然現象であるオーロラをイメージしたパヴィリオンスペースの壁面デザインは、多くの賞賛を浴びた。開催国アメリカに留まらず、世界中にフィンランドデザインの素晴らしさを知らしめた機会となったのではないかと想像している。

ここで、フィンランドを代表する二つの企業を紹介したい。この二つの企業に共通している点は、先に紹介した建築家アルヴァ・アアルトとの関係性であり、フィンランド国民の日常に登場する生活用品を製造している会社であるということだ。今では、世界的にも認知され、世界中に多くのファンを持つブランドとなっている。フィンランドのデザインシーンを牽引し、「デザイン輸出大国」としてのフィンランドの「顔」にもなっているブランドである。

artek（アルテック）社は一九三五年に建築家アルヴァ・アアルトをはじめ、四人の創業者によって、創設された家具メーカーである。artekのブランド名は造語であり、素晴らしいコンセプトが含まれている。artekという名称には、Art（芸術）とTechnology（技術）の融合によって、先進的な家具をデザインし、創出するという想いが込められているのだ。木材を先進的な技術を用いて、家具素材として様々な形状に加工する手法を確立し、安定した品質で、大量に供給できるようにしたartek社の功績は、多くのフィンランド国民の暮らしに役立ち、創業から八五年になる現在でも、変わらずに引き継がれて

出典：artek社 ホームページより

写真2： 家具ブランドartek社ロゴマークとスローガンの入ったパッケージ

いる。木素材を活かした温かく、柔らかなフォルムの家具たちは世界中、多くの国々で愛用されている。実は私も愛用者の一人である。そのartek社が掲げている代表的な企業理念を次に紹介したい。世界に発信するため英語で書かれたスローガンを私なりに訳してみた。

ONE CHAIR IS ENOUGH
良質な椅子は一つで十分

TIMEELESS CONTENT INSIDE
時代に左右されない良質さを内包する製品

BUY NOW KEEP FOREVER
今こそ、良質な家具を手に入れ、それを末長く用いよう

また同じく、ガラス、食器ブランドとして世界的にも有名なiittala（イッタラ）社についても、触れておきたい。一八八一年

出典：iittala 社 ホームページより

写真３：ガラス食器ブランドiittala社ロゴマークとスローガンの掲載されたショッパー

フィンランドの南部にあるiittalaの村でガラス工場をスタートしたiittala社は、吹きガラス、型押しガラス、磨きガラス、彩色ガラスや彫刻ガラス等々、様々な種類のガラス製品を生み出してきた。二〇世紀に入り、中央ヨーロッパで、食器類に様々な装飾が施されるようになった状況の中でも、イッタラは機能性を大切に、人々の「日常」に寄り添い、心豊かにする食器を提供することを優先してきた。後に、フィンランド・デザイン界の巨匠、カイ・フランクや既述のartek社の創業にも関わった建築家アルヴァ・アアルト等、優れたデザイナーの参画により、北欧を代表するガラス食器ブランドへと成長した。イッタラのデザイン製品は、今も時代を超えて、多くの国々で愛されている。

iittala社の優れた理念を下記に紹介したい。（公式ホームページより抜粋）

「美しいこと。しかし朽ちることはなく、顧みられなくなる時のくることのないタイムレスなデザインを、イッタラは追い求めています。毎日の生活のどんなときにも、そこに楽しみと喜びをもたらす、美しく機能的で、丈夫な製品を提供することです。イッタラの商品は既に家にある他の商品だけでなく、他のシリーズとも組み合わせられるようにデザインされています。人々は自分たちが手に入れるデザインを、一生に渡って使おうと思うのは当然だと私たちは思っています。また現代の人々は、飽きられることのないデザインの価値にますます気づきをおぼえるようになっています。イッタラは、高いクオリティを追求したものが時代遅れになることは決してないと考えています。クオリティを追及する努力が裏切られることはありません。イッタラのコレクションには新しいデザインだけでなく、八〇年以上もすでにあるデザインも含まれています。」

まさに、フィンランドの人々の「モノ」との関わり方や考え方が表現されている様に思う。

その中でも、端的に iittala 社の素晴らしい理念を表現しているスローガンを次に紹介する。このスローガンは、iittala 社の店舗で購入した際に、ショッパーとして商品をいれてくださる紙袋の表面にも大きく掲げられている。artek 社同様に、世界に発信するため英語で書かれたスローガンを私なりに訳す。

Lasting everyday design against throwawayism.

使い捨てではなく、日常を支えてくれる美しく丈夫なデザイン

両ブランドの企業理念が、シンプルなスローガンに凝縮され、まさにフィンランド人の「心意気」、大切なものとの関わり方がとても解りやすい形でメッセージとして現されている様に思う。私自身が、

日本に帰国した後に、artek社のスツールE60を購入した際、そのパッケージいっぱいに用いらているこの強烈なスローガン（キャッチコピー）を目にした際、非常に感銘を受けたことをとても印象的に覚えている。一見、家具メーカーとしては、売り上げの向上とは反するメッセージの様にも見受けられるのだが、目先のことよりも、もっと広い「視野」で、ずっと先を見越した企業理念に、敬服する想いを抱かざるを得なかった。この様な、本質を突いた社会的なメッセージ性が込められたキャッチコピーをパッケージに用いた事例を、日本国内で目にすることはほとんどないのではないだろうか。ぜひ、フィンランドのデザイン製品を手に入れる機会がある際は、そのパッケージや用いられているメッセージにも注目して欲しいと思う。

四．映画「Tavarataivas」三六五日のシンプルライフを通して考える

二〇一三年に制作されたフィンランドのドキュメンタリー映画「Tavarataivas」（フィンランド語の原題Tavaratavias（タヴァライヴァス）は直訳すると「モノ天国」という意味になる）は、ご存知だろうか？　二〇一四年に邦題「三六五日のシンプルライフ」として、日本国内でも放映され、話題となった映画である。私自身も、大好きなフィンランド映画ということで、放映後すぐのタイミングで観る機会を得た。感想は、「耳が痛い」というか、私自身の暮らし方に照らし合わせてみて、非常に考えさせられる内容であった。これまで、私が担当させて頂いた講義の中で、学生の皆にも何度か紹介し、観るこ

とを勧めてきた映画でもある。ぜひぜひ、実際の映画を観て頂きたいのだが、簡単に内容を紹介したいと思う。

邦題「三六五日のシンプルライフ」には、キャッチコピーがついている。「これはあなたとモノのストーリー。あなたのモノからあなた自身が見えてくる」というものだ。このキャッチコピー、どう響くだろうか？　映画を観てみたいと思わないだろうか？　あらすじは、こんな感じだ。まだ雪の残る真冬のフィンランド、その首都ヘルシンキが舞台になっている。主人公の青年ペトリは、恋人にフラれたのをきっかけに、クレジットカードで買い物を繰り返してしまう。そして、モノで溢れ、散らかった自分自身の部屋に失望する。その状態を打破するため、ペトリはその時着ていた服も含めて全てを一旦、貸倉庫に預け、「一日に一品のみ倉庫から取り出すことが出来る。そして一年間、何も買わずに続ける」というルールを自分に課す。その生活の中で、本当に自分自身にとって大切なものとは何か、本質的な幸せに気付くという内容だ。

オフィシャルサイトには、この映画の監督・脚本・主演を務めたペトリ・ルーッカイネンへのインタビュー内容が記載されている。その中でも、核心をつく質問・回答部分を紹介したいと思う。（公式ホームページより抜粋）

「質問：この映画のアイディアはどこから生まれたのですか？」

「自分のアパートで部屋を見渡してみると、幸せを感じなかった。今まではそれを考える余裕さえなかった。しかし、多くのモノに溢れていることが、自分にとって問題で、モノが自分の幸せを作っていないと気づいた。もしどこか他の場所にモノを移すことが出来たら、本当に自分が必要なモノを知ることが出来るのではないか。そしたら、きっともっと幸せになると思った。そして、荷造りを始めた。それから、これを撮影するべきだと思いついた。荷造りをしながら、自分は何を残すのか考えていた。自分が残すべきものは何なのか？　そして、自分が何を持っておくのかを決めたリアルなプロセスにこそ、最も価値があって面白いと実感した。そして、持ちモノ全てを預けること、一個ずつ持ってくるアイディアも、おそらくその時に思いついた。」

「質問：フィンランド人はモノに対して独特な感覚があると思いますか？」

「多くの国で同じような話はあると思う。第二次世界大戦後、人々は何も持っていなかったし、貧しくて大変な時代だった。そして、人々がモノを持つようになると、何でも家に溜めて捨てなかった。例えば、うちの両親の世代がそうだった。そして、自分の世代になると、この昔から続くモノへの渇望とステータス・シンボルとしてのモノの存在がミックスされて、何でも買うことができる現代の消費文化に結びついていった。自分たちが、最も「モノを消費することによって自分を表現する」世代だと思う。また、フィンランド人は、自然との強い結びつきもある。私たちは自然をリスペクトして、夏は〝モッキ〟で過ごしたいと思っている。〝モッキ〟は田舎にあるサマーハウスで、大体、湖の側にある。そこには、普通、現代生活に欠かせないものはなく、人々はそこで極めてシンプルに暮らすんだよ。」

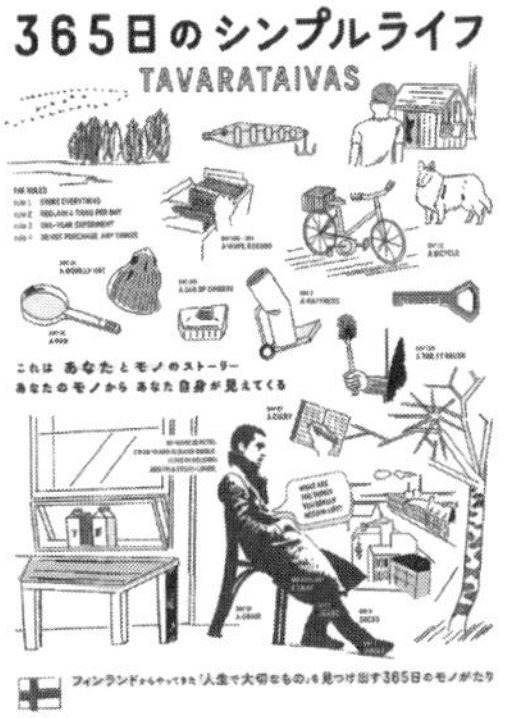

出典：映画「365日のシンプルライフ」オフィシャルサイトより

写真4：映画「365日のシンプルライフ」のポスターと一コマ

ペトリは、現在三六歳。この映画を制作した際は、まだ二〇歳台後半であった。まだ若い世代の彼が、フィンランド人として、本質的な幸せについて、しっかりと考え、本来あるべき「モノ」との関わり方について、素晴らしい考察をしていることに驚きを覚えるとともに、フィンランドの人々の気質に改めて感銘を覚えた。

私自信、これまで機会があると観直して来た映画の一つである。わずか四〇kgの荷物とともにフィンランドに渡り、暮らして来た私だが、帰国のタイミングには、約四〇〇kgの荷物になっていた。その中には、現地の暮らしの中で必要となった食器、料理道具、ガラス製品等が含まれる。現地で携わったデザインの仕事に結びつく大切なものたちではあるが、この夏、自身のアトリエの引越し作業においても、移動のために大変な労力を必要とし、新しいアトリエでも、それらは大きく場所をとっている。一緒にフィンランドから帰国を果たした「仲間意識」があり、簡単には処分できない思い出が詰まったものたちだが、恥ずかしながら実際に日常生活においては、飾っているだけで、使用しないでいることも、使い捨て同様に、本当の意味で、モノを大切に出来ていない行為なのかもしれない。この機会に、私自身のこれまでの暮らし方、「モノ」との接し方について、再考すべきタイミングが訪れているのだろう。

五．「知足」「玩物喪志」を体現する暮らし

フィンランドから帰国してすぐのお正月に、友人である書道家から、書き初めの誘いを頂いた。たしか二〇一一年を迎えたばかりのタイミングである。「なんでも良いから、その年の抱負になるような言葉を書いてみたら？」と、彼のアトリエで、提案された私は、ふと若い頃に父からもらった「戒めの言葉」を思い出した。そう、それが「玩物喪志」だ。簡単にその言葉の意味を紹介したい。

「無用なものを過度に愛玩して、本来の志を見失ってしまう意で、枝葉末節なことにこだわり、真に学ぶべきことや学問の本質を見失うこと。また、自分の好みで、珍しいものなどを過度に愛好して正しい心を失うこと。」

三省堂 新明解四字熟語辞典　出典：「書経」旅獒《りょごう》

友人であるその書道家と私は、共通の知人を介して出会ったのだが、好きなもの、とりわけ、ファッションや食器、自転車等々、互いに好きなデザイン、モノが共通していることがわかり、あっという間に打ち解けた。フィンランドに移住するまで、まるで兄と弟の様に、頻繁に会っては、互いの好きなも

出典：PHOTOHITO より

写真５：龍安寺「吾唯知足」の蹲《つくばい》

のや創作活動について語り合ったことが懐かしく思い出される。そして頻繁に、買い物にも一緒に出かけた。好きなものが共通する二人で連れ立って出かける買い物は楽しく、ついつい買いすぎてしまうことが多々あった。

いつしか、そんな私たちは、自身の行動を反省すべく、「知足」を合言葉にしようと決めた。京都 龍安寺のつくばいにも刻まれた有名な言葉だが、その後、友人は旅行で現地を訪れた機会に、自身と私の分として、「吾唯足知」が金属の素材に刻印された円形状のキーホルダーを買い求め、贈ってくれた。互いに、買い物を戒めようという「暗黙の了解」であった。後年、フィンランドに渡ることになった私の出発間際に、改めて「知足」を小さな屏風型の色紙に書いた作品を、彼がそっと手渡してくれた。それは、私の「買い物癖」がフィンランドで「再発」しないことを願ってくれた友情の現れだったのかもしれない。

そんな「知足」を、より一層、重くしたのが、この「玩物喪志」という言葉と私自身は認識している。フィンランドに移住してすぐの頃、日本に比べ、圧倒的に少ないモノと情報に、寂しさの様なものを感じたこともあった。新しい暮らしを始めるにあたり、暮らしに必要な道具を買いに出ても、その選択肢は非常に限られる。しかし、その暮らしに慣れるに従い、その選択肢の少なさが、私自身には、むしろ心地よく感じられる様になった。そう、日本では、必要以上にある選択肢が、逆に日常生活に悪影響を与えているのかもしれない。それは、モノだけでなく、情報もしかり。フィンランドに暮らして、ふと思ったのは、いわゆる「流行」というものが、無いということ。私自身がテレビを持たずに暮らしていたからかもしれないが、フィンランドの職場においても、向こうで仲良くなったフィンランド人の友人たちとも、「今、これが流行っていて・・・」という会話をした記憶がない。

自身のスタイルに確固とした自信を持ち、自分に必要なモノと情報を大切に生きるシンプルな暮らしは、彼らにとって当たり前のことなのだ。わたしたち日本人は、いつからか彼らとはかなり異なる考え方、ライフスタイルを送る様になってしまったのではないだろうか。日本に帰国してから、約一〇年の月日が経ち、私自身、せっかくフィンランドで習得したモノとの接し方、シンプルで快適なライフスタイルを忘れ始めてしまっている様に感じる。ここで改めて、その時の感覚を思い出し、モノとの関わり方について、再考してみたいと思った。

六．「クリーニングデイ」の試み

フィンランドに暮らしている間、週末になると街中の広場で、フリーマーケットの様な催しが行われている光景を頻繁に目にした。後に現地の友人に教えてもらったのだが、フィンランド語では、kirpputori（キルプットリ）と呼ばれ、「蚤の市」を意味する。フィンランドでは、マーケット前の広場など、屋外で開催されるのが日常の光景であるそうだ。学生時代、フリーマーケットで古着を見ることが好きだった私は、早速、キルプットリにも出かける様になったのだが、日本のそれとは、少し雰囲気が異なることに気がついた。日本では、あまり見かけない、食器や料理道具、家財道具が多いのだ。日本のフリーマーケットの様に、古着もあるのだが、それ以上に、フィンランドでは、日常に登場する様々な道具を、引き継ぐことが当たり前になっている様に感じた。私自身も、向こうでの暮らしに必要であった様々なものを、フィンランド人と同様に、この蚤の市で破格の値段で譲ってもらった。もちろん、フィンランドには、すでに紹介したガラス食器ブランドのイッタラ、陶磁器ブランドのアラビア、家具ブランドのアルテックをはじめ、デザインプロダクツを生産する企業が多いこともその理由にあるとはいえ、親族、家族ではない人々が使った食器などを手に入れ、大事に引き継ぐのだ。この風習は、フィンランドに限らず、北欧では当たり前の光景で、スウェーデン、デンマークを訪ねた際にも、蚤の市があると聞けば、ワクワクしながら、貴重なガラス製品や食器を探しに出かけたことをよく覚えている。北欧の人々のモノを大切にする感覚、無駄なものを買わない質素な暮らし方が体現されているイベントだと思う。

そんな「蚤の市」が新しい形で、日本でも、注目される様になった。私が、フィンランドを去った後、二〇一二年より、フィンランドでは、すでにあったキルプットリの風習を、新たにSiivouspäivä

出典：クリーニングデイ・ジャパン公式ホームページより

写真５：クリーニングデイ・ジャパンのロゴポスターとフィンランドでのクリーニングデイの様子

（シーヴォウスパイヴァ）直訳すると「クリーニングデイ」という名称で、カルチャーイベントとして、重きをおく様になったそうだ。二〇一二年より年二回（五月・八月最終週の土曜日）開催されているリサイクル・カルチャー・イベントで、「リサイクルのハードルを下げること」「地域交流」を目的としている。オフィシャルサイトに登録すれば、誰でもどこでもフリーマーケットを開くことができるという。二〇一四年五月の第五回の段階で参加会場数はフィンランド国内で四五〇〇以上。今、現在は、より一層、身近なイベントになっていることだろう。そんな、フィンランドの基本コンセプトを踏まえ、日本でも、クリーニングデイのイベントが導入され、注目され始めている。コンセプトは「アップサイクル・マーケット」。それは、モノを再利用するリユースやリサイクルだけでなく、モノに新しい価値や有用性を見出すこと。「アップサイクル・マーケット」では、古い不要なモノに新しい価値（ストーリー）をつける、古い不要なモノを生まれ変わらせることを目指している。また、フィンランドでの理念を尊重して「セルフ・オーガナイズ」することを大事に開催されている様だ。クリーニングデイ・ジャパン事務局の考えによれば、フィンランド同様、決まったルールに従うのではなく、自分自身に合ったサイズ感で、無理することなく、地域性に富んだアイディアを楽しく、責任を持って形にしていくことを大切にしているとのこと。日本でも、モノを大切にする考えが、より一層広まり、フィンランドの週末の光景の様に、日本風の蚤の市が、もっと頻繁に開催されることを願う。今後も、この活動に注目して行きたいと思う。

おわりに

以上の様に、いくつかの視点、キーワードとともに、フィンランドの国民の考え方、フィンランドを代表する企業の理念、日本での試み等を紹介してきた。これらを通して、フィンランドが三年連続幸福度、世界一位であることの理由の一つが少し垣間見えたのではないだろうか？

まさに「足るを知る」を体現しながら、謙虚に生きる人々。それは、フィンランドの人々の「モノ」との接し方だけでなく、「人」との接し方にも現れている様にも思う。以前、ソシオシリーズでも書かせて頂いたが、フィンランド人のシャイで底抜けに温かい人柄は、社交的に活動して、多くの友人と繋がることよりも、適度な数の友人に留め、本当に大切な友人との関係性を深めていく様子からも窺い知れると思う。

SNSが世界的に流行する昨今、多くの人々に影響力を持っていること、「いいね」の数がその人の価値の様に捉えられてしまう風潮について、よく考えてみてはいかがだろう。実際に困った時に手を差し伸べてくれる本当の友人は、日常の暮らしを支えてくれる必要な道具が本来はわずかでもある様に、そんなに多くなくても良いのかもしれない。モノや人との関係性だけでなく、世界にある情報のうち、自身の暮らし、自身の生き方、そして成長に良い影響、刺激をもたらしてくれる情報が、本当にわずかであるように。私たちの暮らし、生き方にとって、本質的に有用な情報を、しっかりと「取捨選択」できる能力を養うことが今後ますます求められている様に強く強く思う。

建築家であった父、竹山実が二〇〇三年に書いた著作「そうだ建築をやろう！修行の旅路で出会った人びと」のあとがきに次のような一節がある。

「現代の情報技術は、豊富なメディアの力で遠隔地に居住する人びとを瞬時に結びつけ、次から次へと不思議な人間のネットワークをつくりだしていく。たしかに、メディアは不特定多数の人びとを結びつけたが、同時に個人を社会から切り離していることも事実のようだ。その結果、現実の生活から切り離された個人の存在はますます希薄になって、社会の構造は不確定性を極めていくだろう。このままだと、自分の心が自分の身体を離れてしまい、自分という個の存在が崩れはしないか。自分の視点をもたずに、どうして「ものつくり」ができようか。

ものつくりは、ある程度の技術が備われば誰にでもできる。しかし、ものつくりの心はそうはいかない。心を込めてつくられたものが人をゆるがすが、そうしたものをつくることは容易なことではない。

現実の生活のなかで人の心に触れ、すこしでもそれを知らなければならない。ものつくりの心は、新しい古いもない。どうつくるかよりも、まずは何をつくるかが、いつの時代にも問題なのだ。自分の視点をもって人への関心をもちつづけ、その時代の人の心を現実に知ることから何をつくるかの糸口が見えてくるのだと思う。」

一七年前に、約四〇年間、教えていた武蔵野美術大学を退任する機会に父が書いた本だ。私には、「遺書の代わりだ」と言って手渡してくれた父。この夏、まさにソシオへの寄稿の執筆中に、他界した。私にとって、大切な本が、このタイミングに本当の遺書になってしまった。

父は、北欧、デンマークに暮らし、デンマークのデザイン黄金時代を築いた巨匠たち、アルネ・ヤコブセン、フィン・ユール、ヨーン・ウッツォンの事務所に勤めた。私が北欧に興味を持ったのも、そんな北欧暮らしの「大先輩」が身近にいたからかもしれない。デンマークとフィンランド、国は異なるし、文化にも差異はあるが、北欧に暮らす人々の「本質の豊かさ、身近な幸せを大切にする暮らし」は両国にも共通する部分が多くあると考える。日本に生まれた私だが、父を通して、幼少期より北欧のデザインに興味を持ち、惹かれ続けたのは、とても幸運なことだったと思う。

歳を重ねた今だからこそ、一七年前の父の言葉が、より一層、深く理解できる様になってきた。すでにその頃から、今の情報氾濫時代を予想し、本質的に大切にすべきことを、建築家として、教育者として、そして父親として、後進、教え子たち、息子である私に伝えてくれていた父には、本当に頭が下がる。

目下、世界中がコロナ禍にある状況。これまでの様な大量生産・大量消費の考え方には、終止符を打つタイミングが来ているのではないだろうか。ファストファッションという言葉が世界中に定着してから随分と時間が経ち、安価で手にしやすいもの、「差し当たり」を言い訳に、妥協して購入してしまうものが、世界中に溢れる状況では、購入者側の考え方の転換だけでは到底間に合わない。世の中に製品を生み出す、ものつくりに関わる側が、紹介したフィンランドの二つの企業の様に、大切な理念を掲げ、企業の方針を転換すべき状況にあるのではないか。

今のこの状況を簡単には変えることはできないのは重々、承知してはいるが、「いつかいつか・・・」と先延ばしにしてきた「ツケ」がわたしたち日本人の幸福度の低迷という、一見、直接的な因果関係が無いようなデータとして、現れはじめている様にも考えられる。

今こそ、「足るを知る」暮らし、古からある「玩物喪志」という理念を大切に、本当に必要なものを、適切な量で、心豊かに暮らす・・フィンランドをはじめ、北欧の人々があたり前に出来ているライフスタイルから学び、わたしたちの日常に落とし込むことが必要なのではないか。

帰国して一〇年になる節目に、改めて自身のライフスタイルを見直し、「ものつくり」に関わる身として、製品を世の中に生み出す「責任」を考えることの大切さ、購入者としても、そのように大切に作られたものを選択できる視座をこれからの講義の中で、出会う学生たちに紹介し、発信をし続けて行きたいと決意を新たにしている。

参考・引用文献

World Happiness Report 2020　Ranking of Happiness (2017-2019)（二〇二〇年九月閲覧）
イッタラ社　公式サイト https://www.iittala.jp/aboutus/（二〇二〇年九月閲覧）
アルテック社　公式サイト https://www.artek.fi/jp（二〇二〇年九月閲覧）
映画「三六五日のシンプルライフ」オフィシャルサイト http://www.365simple.net（二〇二〇年九月閲覧）
クリーニングデイ・ジャパン　公式ホームページ http://cleaningday.jp（二〇二〇年九月閲覧）
竹山実「そうだ！建築をやろう　修行の旅路で出会った人びと」（二〇〇三）彰国社

第8章

東南アジア諸国における男性用化粧品市場の現状と美容サービス国際化の可能性について

柳田　志学

一・はじめに

日本のドラッグストアやコンビニエンスストアに行くと、女性向け化粧品とともに、男性用化粧品が陳列されている。そこにはメンズグルーミング[i]と呼ばれる商品、すなわちシェービングクリームやフェイスケア、制汗剤にヘアワックスなどが当たり前のように揃えられているが、じつはこの光景は日本特有のものではない。東南アジア諸国では、どの国のコンビニエンスストアにおいても男性用化粧品が陳列されており、その品揃えはさながら日本のコンビニエンスストアのようである（写真1）。日本でも見かける大手ブランドが棚を席巻しており、東南アジア諸国において男性用化粧品も一定の市場規模が存在することが分かる。

その一方で日本国内の男性用化粧品市場動向に目を向けると、決して順調とはいえない。富士経済（二〇一九）は二〇一九年の国内メンズコスメ市場[ii]が堅調であるという調査結果をリリースしているが、マンダム社のアニュアルレポート（二〇二〇）によると、同社の日本国内における売上は低迷ないし苦戦している。というのも化粧品は消費財という特性上、家電製品のような耐久消費財とは異なり参入障壁が低いうえ、男性用化粧品は女性用と比較して品目数が限られるからである。そのため企業が新たに男性用化粧品市場へ参入する場合は熾烈な競争が生じることとなる。さらに既存の企業が新商品を市場に投入する場合も、ライバル企業と比較して品質や価格など様々な差別化を図らなければ市場で生き残

写真１　東南アジアで一般的に見られる男性用化粧品の陳列（インドネシア）

出典：著者撮影（2019年3月9日）

ることは難しい。つまり現状のままだと日本国内の男性用化粧品市場は徐々に成熟期を迎えることとなり、今後は新たな顧客（市場）を開拓するか、あるいは海外へ活路を見出すしかない。

このような状況において、ここ数年で男性用化粧品市場に新たな潮流が生じつつある。それは男性向けメイクに特化した商品である。二〇一九年三月、大手化粧品メーカーの資生堂は、男性用化粧品ブランド「UNO」より男性向けBBクリームを発売した。[iii] この商品とほぼ時を同じくして、ポーラ・オルビスHDは、二〇一八年に傘下の企業から男性向けメイクアップ商品を発売した。日本経済新聞（二〇一八年九月三日）によると、男性向けの総合コスメブランドは化粧品業界初とされており、同社は美意識が高い男性向けにファンデーションや口紅などの商品を投入するとしている。商品の価格帯は二〇〇〇円から五〇〇〇円台に設定していることから、ターゲット層は二〇代から三〇代前半の若年層であることが想定される。さらに同社はアジアや欧州へのグローバル展開を想定しており、新たな男性用化粧品市場の創出が期待されている。これらのメイクアップ商品を発売したのは大手化粧品メーカーだが、資生堂やポーラ・オルビスＨＤ以外にも注目すべき企業の動向が見られる。それはヘアサロン業界からの新規参入である。一〇代から二〇代の男性をターゲットとして急成長を遂げているリップス社はLIPPSブランドによるヘアサロンを主力事業としており、二〇一九年に若者世代を対象とした化粧品「LIPPS BOY」を発売した。[iv] 同社は東京都内を中心に東北から関西地域まで二〇店舗（二〇二〇年九月時点）に事業展開をしており、年間来客数が二四万人（二〇一九年）という気鋭の企業として成長を遂げている。このLIPPS BOYについては一〇代から二〇代の女子大学生からも好印象であり、二〇二〇年代の現在、女性側から見て男性のメイクアップ商品に抵抗感のない時代が到来したという見方ができる。[v]

この新潮流に対して、おそらく四〇代以上の男性は違和感を抱くだろう。というのも、今から二〇年以上前の一九九〇年代後半から二〇〇〇年代の前半にかけて、日本の男性用化粧品市場において似たような潮流が生じたからである。たとえばマンダム社のブランド「GATSBY」がメイクアップ商品（ニキビを隠すことを目的としたファンデーションなど）を発売した。ところが当時の若者世代は男性が化粧をする風潮を受け入れず、市場から姿を消してしまった。いわば四〇代以上の男性にとってみれば、自分たちの世代で廃れてしまったはずの風潮である。ところが二〇二〇年代に入り、現代の若者は徐々にその風潮を受け入れつつある。なぜ、二〇年以上の歳月を経て、新たに男性向けメイクアップ商品が発売されるようになったのだろうか。いわば成熟市場へと移行しつつある日本国内の男性用化粧品市場に投入された男性のメイクアップ商品は、今後どのような効果をもたらすのだろうか。

これらの問題意識を踏まえ、本稿では Vargo と Lusch (2004) らのサービス・ドミナント・ロジック（S－Dロジック）に依拠しながら次の仮説を設定する。すなわち二〇〇〇年代まではメイクアップなどの美容サービスが十分に提供されておらず、男性用化粧品という「モノ」を中心とした販売手法が主流であった。当時はヘアカットなどの美容サービスは存在していたものの、メイクアップ商品の使い方や効用などを紹介する、いわば無形のサービスは副次的なものとして軽視されていたのである。そのため男性のメイクアップ商品は若者世代へと浸透することはなかった。しかし二〇一〇年代以降は「サービス」を主軸とする時代になりつつある。ここで重要となる概念は前述のS－Dロジックであるが、モノを中心としたグッズ・ドミナントロジック（G－Dロジック）ではなく、サービスを中心とした概念（すなわちS－Dロジック）が浸透することで男性のメイクアップ商品が市場へと浸透するのではないかという仮説である。本来、二〇〇〇年代以前の男性の美意識は決して低いものではなかったが、当時は実際に商品を用いてメイクアップをする（たとえば資生堂のビューティコンサルタントが提供するような）美容サービスを男性に向けて提供する場や機会が存在しなかった。そのため男性用化粧品はたんなるモノとして存在するにとどまり、若者世代は商品の正確な用途について知る術がなかった。しかし二〇一〇年代からSNSが用いられるようになり、徐々にこの状況に変化が生じた。たとえば YouTube

やInstagramを用いることで、若者世代は日本国内のどこに住んでいても最新情報を入手できるようになった。すなわちS－Dロジックの概念に立脚することで、これまで「モノ」と見なされてきた男性用化粧品の新たな市場を開拓することができ、さらに日本企業が保有する高水準の美容サービスの国際化をはかるとともに、東南アジア諸国の男性用化粧品市場を開拓することが可能になるのではないかと考える。

本稿では、以上の仮説を踏まえたうえで、化粧品に関連する先行研究のレビューを行う。次に東南アジア諸国の男性用化粧品市場を概括するとともに、新たな潮流にある男性向けメイクアップ商品の今後の動向ならびに美容サービス企業の国際化の可能性について国際ビジネスの視点から検討する。

二．先行研究のレビュー

男性用化粧品を対象とした学術的な既存研究は少ない。とりわけ日本における男性用化粧品に関する研究の多くは、性差（ジェンダー）や日本文化の視点から考察がなされており、国際ビジネスの観点から化粧品市場について取り上げた研究は皆無である。Rugman (2007) らは国際ビジネスにおける市場の類似性に関する論考を述べてきたが、この研究においてはＷＷＤ社が提供する世界のビューティ企業の売上高ランキング上位一〇〇社のデータを用いている。また、韓国の化粧品市場を対象として、韓国の企業が国際化を図る際に市場の類似性が高いアジアの周辺諸国へと進出する傾向があると述べている。

ただしRugmanらの研究は個別のブランドについて詳細な言及はなされておらず、世界規模での化粧品の動向について言及したものではない。さらに男性用化粧品をめぐる企業の最新動向については一切の言及がなされておらず、これらの研究を本稿で取り上げる東南アジアの男性用化粧品市場に関する動向へと適用することは難しい。したがって二〇〇〇年代までは化粧品を対象とした国際ビジネス研究の蓄積がほとんどなかったと考えられる。本格的に化粧品全般のグローバル展開について論考が提示されたのは、つい一〇年前のことである。ハーバードビジネススクール教授のGeoffrey Jonesは、膨大な一次ないし二次データをもとに、経営史の視点からグローバル事業展開を行う化粧品企業の歴史的変遷にフォーカスして論じている。Jones（2010）は、世界の美容市場（ビューティビジネス）が驚くべき規模へと成長を遂げており、二〇〇〇年代後半の時点で三三〇〇億ドルの巨大市場であることを指摘した。これらの論考を踏まえ、柳田（二〇一三）では、東南アジア主要六カ国のビューティビジネス市場について現状を再検討するとともに、Ghemawat（2001）が提示するＧＡＧＥフレームワークを用いて、これらの国々に進出する際に生じる様々な距離（distance）の重要性について論じた。しかし、JonesもRugmanらと同様、男性用化粧品市場についてはほとんど言及がなされていない。すなわち男性用化粧品市場に特化した研究は国際ビジネス研究において皆無なのである。そこで次章では、これまで研究の蓄積がなかった男性用化粧品のグローバル事業展開にフォーカスするとともに、東南アジア諸国を対象として、これらの国々における男性用化粧品の市場動向を明らかにする。

	2010	2011	2012	2013	2014	2015	2016	2017	2018	2019
タイ	267.3	306.3	327.9	357.8	362.8	370.6	375.6	409.7	460.3	497.6
インドネシア	172.8	211.0	227.7	246.4	259.8	275.2	319.2	369.6	408.0	476.3
フィリピン	193.3	231.4	251.2	263.3	250.4	263.6	263.3	262.2	265.9	275.8
マレーシア	176.8	199.6	212.3	223.1	231.6	208.3	210.4	217.4	249.1	270.2
ベトナム	100.6	122.0	144.5	161.1	176.0	186.0	197.5	209.4	220.7	228.8
シンガポール	100.4	113.4	115.7	114.3	112.3	102.1	100.5	102.0	106.4	109.2
ミャンマー	14.4	15.0	16.5	17.8	19.2	20.1	23.6	26.1	29.9	35.9
カンボジア	2.2	2.6	2.9	3.1	3.4	3.6	4.0	4.4	4.9	5.4
ラオス	1.1	1.3	1.5	1.6	1.7	1.9	2.2	2.4	2.7	3.0

出典：Euromonitor International より著者作成。2019 年は推計値。

図表１　東南アジア９カ国の男性用化粧品市場規模と年次推移（単位は百万ドル）

三、東南アジア諸国の男性用化粧品市場

柳田（二〇一三）では、東南アジア六カ国のビューティビジネスの動向について、マクロデータを用いて言及した。本稿では東南アジア九カ国の男性用化粧品市場[vi]にフォーカスして、同様にマクロの視点から各国の市場特性について検討する。

図表1は、東南アジア九カ国の男性用化粧品市場について年次推移をまとめたものである。これらの国々は人口規模や所得、さらに文化・宗教・制度的な慣習が大きく異なるが、男性用化粧品の事業展開にフォーカスすると幾つかの優位と劣位が指摘できる。フィリピン、インドネシア、ベトナムなどは東南アジア諸国の中でも若年層が多いという優位性がある。そのため所得の増加とともに男性用化粧品の市場規模も成長する可能性が極めて高い。また、タイは東南アジア諸国の中でも化粧品を購入する余裕のある可処分所得の高い人々（中間所得層）が多く、日本製品に対する親和性が高いという優位性はあるが、人口構成でみると高齢化社会へと移行しており、若者層をターゲ

企業名	国籍	2009	2010	2011	2012	2013	2014	2015	2016	2017	2018
バイヤスドルフ	ドイツ	38.4	45.8	54.4	59.1	65.8	67.3	61.4	57.2	61.0	66.4
ロレアル	フランス	12.1	14.7	16.9	18.7	21.3	22.8	24.4	26.0	27.7	30.6
P&G	アメリカ	23.7	26.6	30.2	32.4	34.5	34.1	31.1	28.7	29.2	29.9
ユニリーバ	イギリス	9.9	12.3	15.5	15.5	17.6	18.5	19.6	18.9	19.8	21.0
バイオ・コンシューマー	タイ	15.2	18.4	20.4	22.0	23.9	23.6	23.5	19.0	18.5	20.5
ベターウェイ	タイ	7.9	9.2	10.1	10.1	11.1	11.1	11.0	11.1	11.9	12.9
マンダム	日本	12.8	13.0	13.3	12.7	13.5	13.4	13.3	11.8	11.2	12.4
花王	日本	5.4	6.4	7.3	7.8	8.6	8.5	8.3	8.4	8.9	10.0
アムウェイ	アメリカ	5.2	6.2	6.8	7.2	7.7	7.8	7.9	8.2	8.9	9.8
ソシエテ・ビック	フランス	3.2	3.9	4.5	5.0	5.7	6.0	5.9	6.0	6.4	7.0
その他		64.0	81.4	94.0	103.1	111.3	113.3	127.6	142.4	165.4	194.8
合計		222.5	267.3	306.3	327.9	357.8	362.8	370.6	375.6	409.7	460.3

出典：Euromonitor International より著者作成。

図表２　タイの男性用化粧品市場規模と上位10社の年次推移（単位は百万ドル）

ットとする男性用化粧品を想定した場合、長期的に見ると進出については検討の余地があるだろう。また、ミャンマー、カンボジア、ラオスをはじめとする後発開発途上国については、可処分所得が低いことから男性用化粧品を購買する余力がないという劣位がある。しかし長期的な観点からいえば、今後の成長可能性が高い国々であるため、早期に低価格の商品を市場へ投入することで自社のブランドを浸透しておく効果はあるものと思われる。

それでは東南アジア九カ国に進出する企業の動向と市場規模はどのような現状にあるのだろうか。以下の図表2から図表10は、それぞれの国に進出する企業ならびに国籍（投資本国）を示したものである。さらに各国での売上高について年次別にまとめている。

タイの男性用化粧品市場の特徴として、市場規模が一〇年前と比較して倍増している点が重要であろう。さらに、上位には欧米の企業が席巻しており、日本企業（マンダムと花王）の売上高はそれらの企業の半数にも満たない。日本の外食サービス企業がタイでは人気を博しているが、男性用化粧品においては日本のプレゼンスは低いという現状にある。

企業名	国籍	2009	2010	2011	2012	2013	2014	2015	2016	2017	2018
マンダム	日本	56.6	65.4	75.9	75.4	71.5	76.0	73.9	80.7	86.4	76.9
ユニリーバ	イギリス	8.6	20.4	27.4	37.0	44.5	45.7	48.3	51.5	55.3	53.6
P&G	アメリカ	25.6	32.1	37.6	39.3	39.4	39.3	39.3	41.6	45.4	42.6
ロレアル	フランス	2.2	4.9	5.8	7.7	12.1	15.2	18.2	22.6	19.2	22.2
オリフレーム・コスメティックス	スウェーデン	3.2	4.1	6.5	6.3	6.7	11.2	11.3	16.1	19.4	21.1
キノセントラ・インダストリンド	インドネシア	9.5	10.2	11.5	11.8	10.6	10.1	9.2	9.5	9.6	9.1
花王	日本	2.2	2.9	3.4	3.7	4.2	4.9	5.8	6.6	6.9	8.7
バイヤスドルフ	ドイツ	0.7	1.0	1.4	1.9	2.4	4.1	5.4	6.3	7.3	8.1
ナチュラ	ブラジル	-	-	-	-	-	-	-	-	6.0	5.9
Priskila	インドネシア	3.0	3.9	4.4	5.3	4.5	3.6	2.6	2.9	3.5	4.2
その他		17.3	21.8	29.9	31.6	42.5	41.5	52.9	71.6	100.0	145.5
合計		137.4	172.8	211.0	227.7	246.4	259.8	275.2	319.2	369.6	408.0

出典：Euromonitor International より著者作成。

図表３　インドネシアの男性用化粧品市場規模と上位 10 社の年次推移（単位は百万ドル）

企業名	国籍	2009	2010	2011	2012	2013	2014	2015	2016	2017	2018
ユニリーバ	イギリス	28.4	39.6	42.8	48.7	56.4	60.4	72.6	75.2	74.5	74.6
P&G	アメリカ	21.6	22.9	43.0	45.1	47.0	45.2	45.0	41.1	40.0	41.7
エイボン	イギリス	24.0	25.9	27.3	30.2	28.9	25.5	26.7	28.9	27.1	25.9
マンダム	日本	4.8	5.4	6.1	7.1	8.4	8.4	8.6	8.8	8.9	9.0
バイヤスドルフ	ドイツ	2.7	3.1	3.4	3.6	3.9	3.9	5.8	6.9	7.2	7.4
エッジウェルパーソナルケア	アメリカ	-	-	-	-	-	-	7.5	7.4	7.0	7.2
Suyen	フィリピン	3.1	3.6	4.1	4.9	5.5	5.7	6.0	6.1	6.0	6.0
コティ	アメリカ	0.9	1.0	1.1	1.2	1.3	1.3	1.3	4.4	4.4	4.4
Golden ABC	フィリピン	3.8	3.5	3.5	3.9	4.1	4.0	4.0	3.9	3.7	3.6
エバビレーナ	フィリピン	1.3	2.8	3.1	3.8	4.1	3.8	3.6	3.5	3.4	3.3
その他		54.5	60.9	70.2	76.5	77.3	65.8	62.4	56.8	58.2	60.9
合計		174.5	193.3	231.4	251.2	263.3	250.4	263.6	263.3	262.2	265.9

出典：Euromonitor International より著者作成。

図表４　フィリピンの男性用化粧品市場規模と上位 10 社の年次推移（単位は百万ドル）

インドネシアは東南アジア諸国の中で唯一、日本企業が高いシェアを確保している国である。とりわけ GATSBY ブランドでも有名なマンダムは自社の売上高のうち二一％をインドネシアで占めている。既に日本ブランドが浸透している同国は、今後も成長が期待される。

フィリピンは第二次世界大戦後、アメリカの統治下にあったため欧米の文化が色濃く残っている。そのため男性用化粧品の市場も欧米の企業が強い。その中でも日本企業（マンダム）は上位に食い込んでおり、隣国のインドネシアで培ったノウハウをフィリピンに適用することができる。また、フィリピンでは地場企業の活躍が目立つ。市

企業名	国籍	2009	2010	2011	2012	2013	2014	2015	2016	2017	2018
P&G	アメリカ	30.8	34.4	37.2	38.3	38.9	39.4	34.8	32.8	33.0	36.7
マンダム	日本	13.0	16.9	20.7	25.7	29.8	33.8	30.4	29.9	30.7	34.9
ユニリーバ	イギリス	2.6	28.0	31.4	31.0	30.3	28.8	24.6	24.1	24.2	27.1
ロレアル	フランス	5.2	7.5	9.4	12.2	14.8	17.7	16.5	16.5	16.8	21.5
ウィプロ	インド	13.6	15.2	17.3	18.4	20.1	20.5	17.7	17.1	17.1	19.1
マリコ	インド	-	11.2	12.1	12.0	11.7	11.0	9.1	8.5	8.4	9.3
コティ	アメリカ	3.7	4.0	4.5	4.9	5.3	5.6	5.2	6.7	6.9	7.9
バイヤスドルフ	ドイツ	2.6	3.7	4.3	4.8	5.4	6.1	5.6	5.5	5.7	6.4
花王	日本	3.3	4.3	5.0	5.4	5.6	5.8	5.0	4.8	4.8	5.5
エッジウェルパーソナルケア	アメリカ	-	-	-	-	-	-	4.1	4.0	4.1	4.6
その他		25.4	29.0	32.4	33.7	34.6	37.8	38.1	44.1	49.4	58.1
合計		151.1	176.8	199.6	212.3	223.1	231.6	208.3	210.4	217.4	249.1

出典：Euromonitor Internationalより著者作成。

図表5　マレーシアの男性用化粧品市場規模と上位10社の年次推移（単位は百万ドル）

企業名	国籍	2009	2010	2011	2012	2013	2014	2015	2016	2017	2018
マリコ	インド	-	-	24.7	31.6	38.9	44.7	48.0	50.7	51.7	52.4
ユニリーバ	イギリス	12.3	14.5	16.5	20.5	23.7	25.7	26.9	27.7	31.0	31.7
ウィプロ	インド	11.7	13.8	15.6	18.1	20.8	22.7	23.7	24.6	25.2	25.7
バイヤスドルフ	ドイツ	0.5	2.7	8.4	10.1	11.6	13.5	14.6	16.8	18.9	21.0
P&G	アメリカ	9.3	9.8	10.3	11.7	13.3	14.6	15.8	14.8	16.5	17.7
コティ	アメリカ	1.4	1.8	2.4	3.3	4.1	4.8	5.4	8.7	11.0	12.1
スターダ（Stada Arzneimittel）	ドイツ	2.9	2.7	2.7	3.1	3.5	3.8	4.1	4.5	4.8	5.2
サイゴン化粧品	ベトナム	0.9	1.1	1.3	1.8	2.3	2.7	2.7	3.5	3.6	3.7
ロレアル	フランス	0.5	0.6	0.7	0.8	1.1	1.6	1.8	1.9	2.1	2.3
オリフレーム・コスメティックス	スウェーデン	1.4	1.7	1.9	1.5	1.7	1.0	1.1	1.5	2.1	2.3
その他		16.6	22.2	26.8	29.5	26.3	25.2	25.4	25.8	25.6	29.0
合計		82.5	100.6	122.0	144.5	161.1	176.0	186.0	197.5	209.4	220.7

出典：Euromonitor Internationalより著者作成。

図表6　ベトナムの男性用化粧品市場規模と上位10社の年次推移（単位は百万ドル）

場の成長は他国と比較すると緩やかではあるが、今後の成長が期待できる国であろう。

マレーシアにおいて日本企業のマンダムが二位と活躍を見せている。また、同国は東南アジアの中でも多民族国家であり、中華系やインド系など男性の美容に対する意識も多様であると想定される。そのためウィプロやマリコなどインドを投資本国とする企業の成長が注目される。

ベトナムの男性用化粧品市場で特筆すべきは、マリコ（インドを投資本国とする企業）が進出していることであろう。また、マンダムに代表される日本企業はランクインしていない。この一〇年間で三倍の市場規模へと成長し

企業名	国籍	2009	2010	2011	2012	2013	2014	2015	2016	2017	2018
P&G	アメリカ	24.3	26.5	29.6	29.5	29.4	29.1	27.5	21.8	22.4	23.5
コティ	アメリカ	7.0	7.6	8.5	8.6	8.7	8.5	7.9	12.8	14.2	14.4
ロレアル	フランス	12.3	14.5	17.0	14.2	13.0	12.2	11.0	10.9	9.8	10.1
マンダム	日本	5.2	6.1	7.0	7.5	7.8	8.1	7.6	7.6	7.7	8.0
モエヘネシー	フランス	0.9	0.9	4.1	5.7	6.2	6.4	5.8	5.8	5.8	6.1
バイヤスドルフ	ドイツ	1.9	2.2	2.6	2.9	3.0	3.1	2.8	2.9	3.1	3.3
ユニリーバ	イギリス	1.7	2.2	2.4	2.4	3.1	3.1	2.9	3.0	3.1	3.3
エッジウェルパーソナルケア	アメリカ	-	-	-	-	-	-	2.0	2.0	2.0	2.1
プレグ	スペイン	1.8	2.2	2.5	2.5	2.3	2.2	1.9	1.9	1.8	1.7
資生堂	日本	3.5	3.7	4.1	2.9	1.8	0.7	0.7	1.4	1.4	1.4
その他		17.9	19.4	21.2	25.2	25.1	25.7	22.5	21.7	23.3	24.7
合計		90.0	100.4	113.4	115.7	114.3	112.3	102.1	100.5	102.0	106.4

出典：Euromonitor International より著者作成。

図表7　シンガポールの男性用化粧品市場規模と上位 10 社の年次推移（単位は百万ドル）

企業名	国籍	2009	2010	2011	2012	2013	2014	2015	2016	2017	2018
P&G	アメリカ	5.2	5.3	5.3	5.4	5.6	5.9	6.1	7.1	7.7	8.7
エッジウェルパーソナルケア	アメリカ	-	-	-	-	-	-	2.4	3.8	4.7	6.0
バイヤスドルフ	ドイツ	1.3	1.6	1.8	2.1	2.4	2.7	2.9	3.5	4.0	4.8
ユニリーバ	イギリス	0.9	1.0	1.1	1.3	1.5	1.7	1.9	2.4	2.7	3.3
マンダム	日本	0.3	0.4	0.5	0.7	0.8	1.0	1.1	1.4	1.7	2.1
ロレアル	フランス	0.6	0.6	0.7	0.8	0.8	0.9	1.0	1.2	1.3	1.6
Giffarine	タイ	3.5	3.8	3.9	4.3	4.6	3.8	3.0	2.4	1.8	1.2
Mase Industries	マレーシア	0.3	0.3	0.4	0.4	0.5	0.5	0.6	0.7	0.8	0.9
その他		0.6	0.7	0.7	0.7	0.7	1.0	1.0	1.2	1.3	1.4
合計		13.3	14.4	15.0	16.5	17.8	19.2	20.1	23.6	26.1	29.9

出典：Euromonitor International より著者作成。

図表8　ミャンマーの男性用化粧品市場規模と上位８社の年次推移（単位は百万ドル）

ている同国は今後の成長可能性が高く、日本企業は進出を模索するに値する。

シンガポールは日本と同水準の所得層であるが、一〇年前と比較してさほど市場は成長していない。人口規模も五六〇万人と周辺諸国と比較して小さく、男性用化粧品市場は成熟しているものと想定される。

ミャンマーはラオスとカンボジアと同様、後発開発途上国として位置づけられているが、二〇一一年より経済開放・自由化へと転じている。そのため今後の市場は成長著しく、美容に対する意識も高い。現在は欧米の企業がシェアを占めているが、伝統的な化粧品（タナカ）が存在するため、長期的な視点から市場動向を注視する必要がある。

企業名	国籍	2009	2010	2011	2012	2013	2014	2015	2016	2017	2018
P&G	アメリカ	0.4	0.4	0.5	0.6	0.6	0.7	0.7	0.8	0.9	1.0
スーパーマックス	マレーシア	0.3	0.3	0.4	0.5	0.5	0.5	0.5	0.6	0.7	0.7
エッジウェルパーソナルケア	アメリカ	-	-	-	-	-	-	0.4	0.5	0.6	0.6
ソシエテ・ビック	フランス	0.1	0.1	0.1	0.1	0.1	0.1	0.1	0.1	0.2	0.2
花王	日本	0.0	0.0	0.0	0.1	0.1	0.1	0.1	0.1	0.1	0.1
その他		0.9	1.0	1.2	1.4	1.4	1.6	1.7	1.8	2.0	2.2
合計		2.0	2.2	2.6	2.9	3.1	3.4	3.6	4.0	4.4	4.9

出典：Euromonitor International より著者作成。

図表９　カンボジアの男性用化粧品市場規模と上位５社の年次推移（単位は百万ドル）

企業名	国籍	2009	2010	2011	2012	2013	2014	2015	2016	2017	2018
P&G	アメリカ	0.7	0.8	0.9	1.0	1.0	1.0	1.1	1.2	1.2	1.3
バイヤスドルフ	ドイツ	0.0	0.1	0.1	0.1	0.1	0.2	0.2	0.3	0.4	0.5
Giffarine	タイ	0.0	0.1	0.1	0.1	0.1	0.1	0.1	0.1	0.1	0.1
ユニリーバ	イギリス	0.0	0.0	0.0	0.0	0.0	0.1	0.1	0.1	0.1	0.1
スーパーマックス	マレーシア	0.0	0.0	0.1	0.1	0.1	0.1	0.1	0.1	0.1	0.1
チャーチ＆ドワイト	アメリカ	0.0	0.0	0.0	0.0	0.0	0.1	0.1	0.1	0.1	0.1
レブロン	アメリカ	-	-	-	-	0.0	0.0	0.0	0.0	0.0	0.0
その他		0.1	0.1	0.2	0.2	0.2	0.3	0.3	0.3	0.3	0.4
合計		1.0	1.1	1.3	1.5	1.6	1.7	1.9	2.2	2.4	2.7

出典：Euromonitor International より著者作成。

図表 10　ラオスの男性用化粧品市場規模と上位７社の年次推移（単位は百万ドル）

カンボジアの市場に関するデータは希少である。同国の男性用化粧品市場も着実に成長しており、特筆すべきは上位五社が海外の企業で市場の半数を占められていることであろう。さらに二位にはマレーシアの企業がランクインしている。東南アジアにおいてライバルとなる企業は欧米の企業ではなく、周辺諸国の企業であることは留意するべきだろう。また、カンボジアは後発開発途上国に位置づけられているが、若年層が多い点、さらに市場の半数は（地場企業など）著名なブランドではない点を考慮すると、今後は市場へ参入する余地はある。日本企業はマンダムではなく花王がランクインしている点も注目に値する。

ラオスは人口が七〇〇万人（二〇一八年）と市場規模が小さく、ミャンマーやカンボジアとともに後発開発途上国に位置づけられている。そのため欧米の企業が占めているが、市場規模は着実に成長している。ここで着目すべきは三位にランクインするGiffarine（タイ）の存在であろう。ラオスのように周辺を他国で囲まれている国は、隣国の影響を受けやすい。そのため最先端の流行は日本や欧米ではなく、隣国のタイから流入することが多い。したがってGiffarineのような東南アジアの企業は国際化を促進しやすい環境にあるといえる。

以上、東南アジア九カ国の男性用化粧品市場の動向を各国別に提示した。これらのマクロデータは、前述の先行研究において記述がなされておらず、その点において学術的な貢献がある。しかし実際に現地の若者世代はどのような男性用化粧品のブランドを用いており、各国の男性向けメイクアップ商品に対する意識については明らかになっていない。そこで本稿では前述の仮説を検証するために探索的調査を行った。次章では、それらの調査内容と結果をまとめる。

四．調査と分析

二〇二〇年より新型コロナの影響から海外に渡航する現地調査が不可能となった。そこで今回はオンラインのツールを用いて、フィリピンを調査対象国とし、ターゲットとなる調査対象者を選定したうえで、以下の要領で探索的調査を行った。

調査期間：二〇二〇年九月五日から九月一四日（一〇日間）

調査対象者：フィリピン在住の一〇代（一八～一九歳）の男子大学生一〇名[vii]

調査方法：Skypeを用いた英語によるインタビュー調査（一名につき約三〇分）

今回のインタビュー調査により、様々な知見が導き出された。その中でも特筆すべき点を幾つか提示する。調査対象者となる一〇代の大学生のほぼ全員が自身の肌についてケアを行っており、男性用化粧品を使用することに抵抗はないとのことだった。また、首都マニラのみならず、地方（ミンダナオ島など）の大学生もGATSBYを知らない大学生はいなかった。首都圏では様々な商品を入手できることから、日本の商品を利用している人は少数であったが、地方に在住する大学生は、むしろGATSBY以外に商品の選択肢がないため用いているとのことであった。これはGATSBYの流通チャネルがいかに強固にフィリピン国内へ構築されているのかということを示している。また、洗顔などの基礎化粧品については PONS（ユニリーバ）を用いている人が多く、地場のブランド商品（BENCH）を用いていると答えた大学生も多かった。意見が分かれたのは男性向けフェイスパウダーに対する見解であり、普段はベビーパウダーを使っている人もいたが、中には女性向けのMAYBELLINEを保有しているほどメイクアップにこだわりを持つ大学生もいた。別の大学生は日本製品に強い関心を抱いており、LIPPS BOYのような男性用化粧品はフィリピン国内では発売されていないのかと質問されるほどであった。その一方で、男性のメイクアップについては抵抗がある（かつての日本のように男性がメイクアップをするものではないという考え方ではなく、地域によっては高温多湿のためメイクアップに向かない）と答えた大学生もいた。フィリピン人の多くは太い眉毛のため、アイブロウ（眉ペンシル）を使う必要はなく、日本人のように眉毛を整えている大学生は皆無だった。今回のインタビュー調査で意見が一致していたのは、日本の商品であれば間違いなく使うというものであり、様々な男性用化粧品を用いて、より良く自分を魅せたいという美意識の高さは日本の若者世代と共通していた。

ただし、仮説で提示したように（Ｓ－Ｄロジックを裏付ける）美容サービスがフィリピン国内において提供されている状況にあるとは言えなかった。フィリピンの男子大学生は日本と同様にＳＮＳを用いており、自身のYouTubeチャンネルやInstagramを保有している人もいたが、日本の男子大学生のようにメイクアップの方法について情報を入手するために、わざわざＳＮＳで情報を発信ないし活用している人はほとんどいなかった。したがってフィリピン国内において男性用化粧品はモノとして存在するにとどまっており、本稿で提示した仮説を立証する状況にはなかったといえる。ただし今回は探索的調査のため、（たとえば資生堂のビューティコンサルタントのように）実店舗で美容サービスが提供された場合、購買意欲にどのような影響をもたらすのか等、さらなる調査が必要となる。

五．おわりに

本稿では、日本における男性用化粧品の新たな潮流を紹介するとともに、東南アジア諸国における男性用化粧品の市場規模と企業の進出動向についてフォーカスした。これまで男性用化粧品の市場動向についてはほとんど現状が知られておらず、先行研究の蓄積も浅い。そこで本稿では既存研究をレビューするとともに、東南アジア九カ国のマクロデータを提示しながら美容サービスの現状について探索的調査を実施した。東南アジア諸国は男性の美容市場としては成長の可能性が残されており、フィリピンなど国によっては日本企業が国際事業展開を行う余地があることを言及した。これらの点にフォーカスしながら東南アジア諸国を各国別に比較検討したことは本稿の大きな貢献であると考える。

しかし本稿において幾つかの研究の限界を指摘しなければならない。一つ目は、調査対象となる国が限定されている点である。本稿ではフィリピンのみを対象として探索的調査を行った。しかし既に言及しているように、東南アジア諸国は極めて複雑かつ多様な背景を包有しており、今回の調査では明らかにされていないことが数多くある。今回の調査を踏まえ、今後は他国へと同様に現地調査を行う必要がある。二つ目は、調査手法の限界である。東南アジア諸国は学術的なデータが整備されておらず、各国により言語が異なるため文献も現地語で記述されていることも多い。そのため本稿では英語が公用語とされているフィリピンにおいて英語によるインタビュー調査を実施したが、新型コロナの影響もあり、海外へ渡航することが不可能となってしまった。そのため調査に偏りが生じたという点がある。今後は各国の様々な地域で調査対象者を広げて、より深く調査を行う必要がある。三つ目は、サービス関連の統計データを入手できていない点である。本稿ではユーロモニターインターナショナル社が提供する消費財のデータの中から東南アジア諸国のデータを抽出した。これにより各国の男性用化粧品市場について概括することができた。しかし消費財のデータはあくまでもモノを中心としたデータであり、本稿で提示した仮説を検証するためのデータ（ヘアサロンなど美容サービスの市場規模）は含まれていない。成長の可能性を秘めている東南アジア諸国の美容サービス市場については信頼性の高いデータをもとに議論することが求められる。以上については今後の検討課題としたい。

【参考文献】

Chang Oh & Alan Rugman, (2007). Regional multinationals and the Korean cosmetics industry, *Asia Pacific Journal of Management, Springer,* 24(1): 27-42

富士経済（二〇一九）『化粧品マーケティング要覧二〇一九』株式会社富士経済

Geoffrey Jones, (2010). Beauty Imagined: A History of the Global Beauty Industry. *Oxford University Press*（ジェフリー・ジョーンズ著、江夏健一監訳（2011）『ビューティビジネス－「美」のイメージが市場をつくる』中央経済社）

Ghemawat, P. (2001). Distance Still Matters: The Hard Reality of Global Expansion, *Harvard Business Review*, September, pp.137-147.

Global Market Information Database（GMID）：Euromonitor International（二〇一九年八月一四日アクセス）

日本経済新聞（二〇一八）『男性向けコスメの総合ブランド「FIVEISM × THREE」誕生』日本経済新聞、二〇一八年九月三日

柳田志学（二〇一一）『発展途上国の多国籍企業に関する一考察――タイＣＰグループの事例に基づいて』早稲田大学社学研論集、一七巻、pp.224-232

――――（二〇一三）『東南アジアのビューティビジネス：企業の国際化と「距離」に関する一考察』ビューティビジネスレビュー、2(1), pp.46-63

――――（二〇一六）『「距離」の概念に基づくサービス企業の国際化に関する一考察：アジア「新・新興国」CLMを事例として』九州産業大学経営学会経営学論集、26(4), pp.93-104

マンダム（二〇二〇）『アニュアルレポート（マンダムレポート二〇二〇）』マンダム

R.F.ラッシュ & S.L. バーゴ著、井上崇通監訳（二〇一六）『サービス・ドミナント・ロジックの発想と応用』、同文館出版

Vargo, S., R. F. Lusch. (2004). Evolving to a New Dominant Logic for Marketing. *Journal of Marketing* 68 (1) 1-17

(Endnotes)

i　メンズグルーミングという言葉は明確な定義がなされていない。グルーミングとは英語で「毛づくろい（Grooming）」という意味だが、パナソニックではメンズグルーミング商品を「身だしなみ」として位置づけており、男性の全身ムダ毛を処理する機器（たとえば電動シェーバーなど）を発売している。

ii　同社はコスメティックス、スキンケア、メイクアップ、ヘアケア（ヘアメイク）、ボディケア、フレグランスなど六つのカテゴリに分け、さらに四四品目の化粧品の市場規模やメーカー（ブランド）シェア、価格帯（チャネル）別の動向などを分析している。

iii　資生堂ウェブサイトによると、ＢＢクリームとは「Blemish（傷）Balm（軟膏）」や「Beauty Balm」を意味すると言われ、毛穴、シミ、そばかすなどをカバーすることを目的としている。UNOの商品も女

性向けBBクリームと同様、男性の肌をカバーすることを目的として発売された。

iv 同社が大手メーカーと異なるのは、主力事業が美容サービスであり、モノとしての化粧品はあくまでもサロンの事業展開を行うプロモーションの一貫とみなしている点である。同社は二〇二〇年九月の時点では北海道や九州などの地域へと進出していないが、全国の美容に敏感な若者世代の多くはSNSなどによりLIPPSというヘアサロンの存在を認知している。そこで同社はECサイトや全国のロフトと提携して流通チャネルを構築し、ヘアサロン事業の全国展開へ布石を打つことができる。

v 探索的調査を目的として二つの大学においてアンケート調査を実施した。A大学は都内の女子大学(二〇一九年一二月九日、回答数七六名)であり、B大学は都内の共学(二〇一九年一二月一一日、回答数四四名、うち女性三一名)である。いずれも大学二年生から四年生であり、ターゲット層とほぼ合致する。調査方法は実際に商品を見せて、記述式で回答してもらう形式をとった。これらのアンケート調査の結果、現在の二〇代前後の女子大生で男性がファンデーションを用いることに拒絶反応を示す人はほとんどいなかった。

vi このデータはメンズグルーミング(すなわちモノ)を中心とした売上高を集計したものであり、ヘアサロンなど美容サービス市場の売上高は含まれていない。

vii オンライン英会話最大手のC社に勤務する現役の男子大学生から抽出した。同社の提供する英会話サービスは品質が高いため、一〇名の大学生は同世代と比べて学力優秀な人材が多いものと考えられる。

第9章

店頭でブランド再認に貢献するパッケージ要因の研究

長崎　秀俊

一・現代消費者の購買行動

インターネット・サービスの急速な普及により、現代の消費構造は大きな変化を遂げている。書籍や家電はもとより、車や家までもネットで販売される状況が生まれている。だがこのような状況においても、リアル店舗で現物を直接見て、触れて、買い物を行う消費も少なくない。経済産業省の「電子商取引に関する市場調査二〇二〇年」によると、現在物販EC化率は六・七六％であり、残りの九三％はいまだにリアル店舗に出向いて買い物が行われていることを示している。また、このEC利用の六・七六％には、物理的に買い物に行けない高齢者による利用や、商店街から遠隔地であることによる止むを得ない利用も含まれている。こう考えると、ネット販売は増加しているが、購買場面の大半はいまだに対面販売で行われていると考えるべきであろう。

次に、小売業態の現状を確認しておく。経済産業省による統計資料「二〇一九年小売業販売を振り返る」によると、二〇一九年度の小売業販売額は、一四五兆四七〇億円で前年比〇・一％の伸びを記録している。その内訳をみると、大きい順にスーパー一三兆九八三億円（前年比〇・五％減）、コンビニエンスストア一二兆一、八四一億円（前年比一・七％増）、ドラッグストア六兆八、三五六億円（前年比五・六％増）、百貨店六兆二、九七九億円（前年比二・三％減）、家電大型専門店四兆五、四五四億円（前年比三・五％増）、そしてホームセンター三兆二、七四八億円（前年比〇・三％減）となっている。[注1]

スーパーとコンビニの販売額は、三位ドラッグストア販売額の二倍以上大きいことが分かる。一方で、戦後隆盛を誇った百貨店の販売額減少は止められず、当時は業態自体存在しなかったドラッグストアに抜かれるという変化が起こっている。

では、現代消費のメインストリームであるスーパーとコンビニでは、どのような購買行動が行われているのだろうか。消費者の購買行動を分析する視点に計画購買率という指標がある。購買行動を入店以前に購入商品を決めていた計画購買と入店後に決めた非計画購買に分けて、その比率を比較するものである。流通経済研究所では計画購買を更に、「ブランド計画購買」、「カテゴリー計画購買」、「ブランド変更」の三つに分類している。「ブランド計画購買」は、具体的なブランドレベル（例：グリコのポッキー）まで事前に決めており、実際に購入した場合である。「カテゴリー計画購買」は、ブランドレベルではなくカテゴリーレベル（例：チョコ菓子）で事前決定し、同カテゴリー商品（例：ポッキー）を実際に購入した場合である。最後の「ブランド変更」は、事前にブランドレベル（例：ポッキー）まで決めて来店したが、実際には同カテゴリーの異なるブランド（トッポ）を購入した場合のことである。これはブランドレベルで考えると変更したことになるが、チョコ菓子を買うというカテゴリーレベルで考えれば、事前計画通りに購買行動が行われたことになるからである。そして、これら以外が非計画購買となる。

流通経済研究所が二〇一三年にスーパーの商品八、一三五ＳＫＵ[注2]を対象に実施した調査によると、ブランド計画購買率は五・八％、カテゴリーレベル計画購買率は一六・二％、ブランド変更率は〇・六

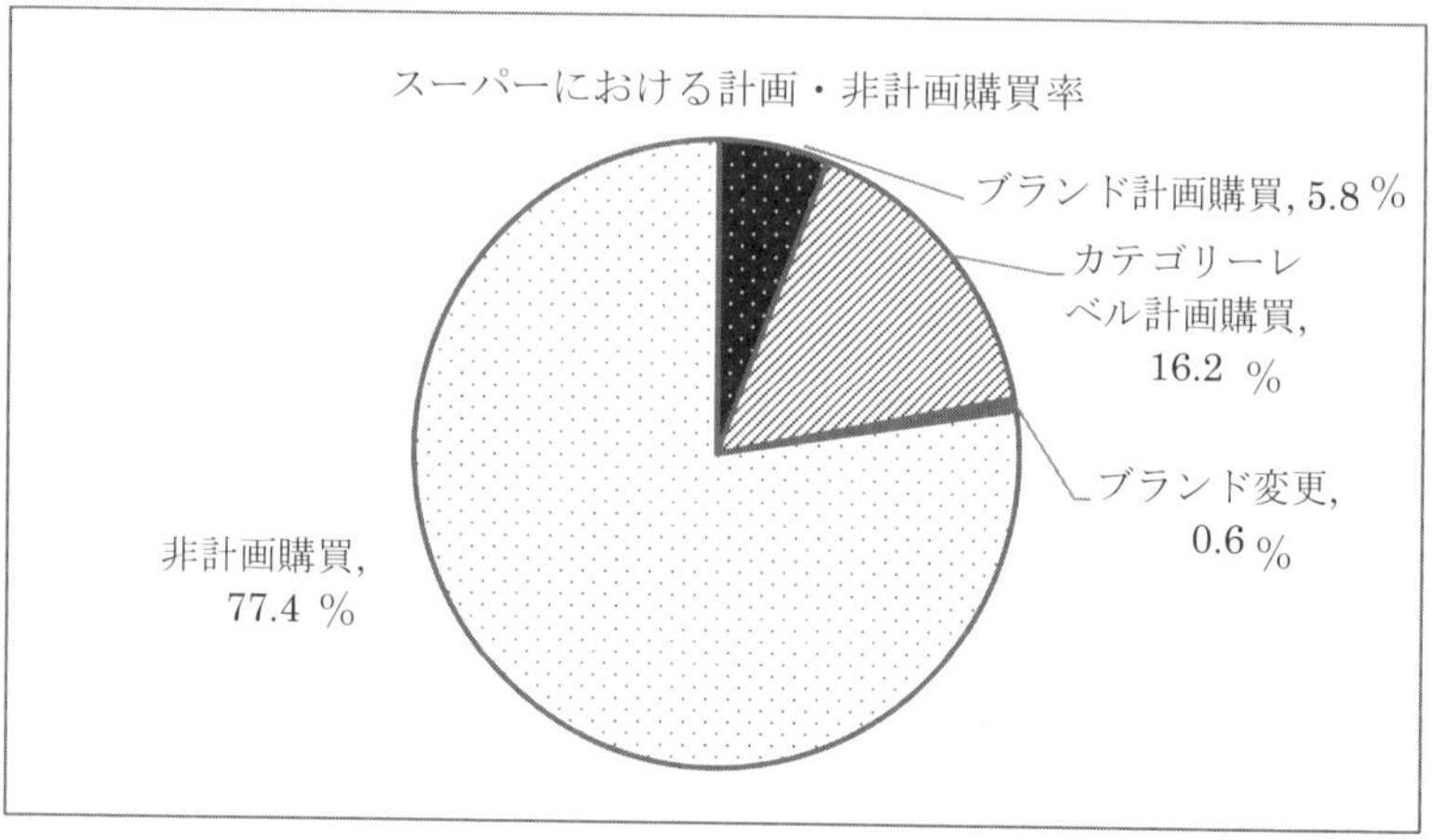

図１：スーパーにおける計画・非計画購買率（2013 年）
（出典）流通経済研究所「インストア・マーチャンダイジング」P27

%、そして非計画購買率が七七・四%となっており、入店後に購入商品を決定する買い物が大半であることが分かる。（図１）

注目すべきは、七七・四%の非計画購買率である。実はブランドレベルで計画購買されたもの以外は、全て購入ブランドの最終決定が店内で行われているという事実である。事前にカテゴリーは決めていても、最終購入商品はブランドレベルで決める必要があるからだ。このように考えると、実際には購買行動の意思決定の九割以上が店内で行われていることになる。目まぐるしく環境が変化する小売業態であるが、実は計画・非計画購買の傾向は長年にわたり変わっていない。流通経済研究所も「一九八〇年代の同調査においても、非計画購買率が七〇～八〇%程度でしたので、時代は変われど、購買される商品の多くが非計画購買であることに変わりはないことが分かります」と指摘している。

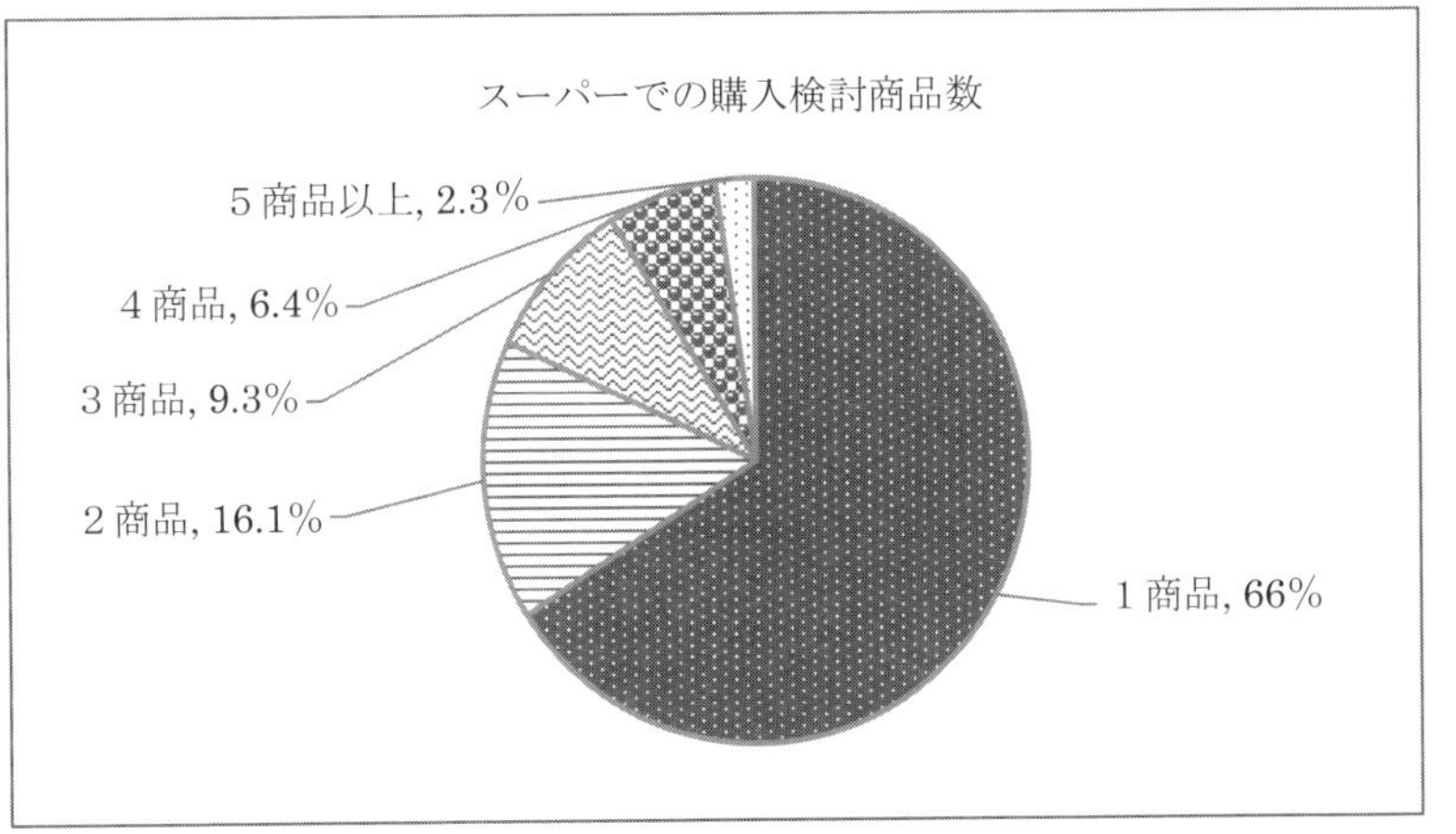

図2：スーパーでの購入検討商品数　(n=1,257)
(出典) 流通経済研究所「インストア・マーチャンダイジング」P41

二．購買意思決定において重要なパッケージ

時代が変わり、主流となる買い物先がスーパー、デパートから、スーパー、コンビニエンスストア、ドラッグストアへと変わった現在においても、消費者が購入ブランドを店内で決定するという行動は変わっていない。ここで店内購買行動を観察する視点である購買時間に注目してみた。Dickson, Peter R. and Alan G. Sawyer (1999) によると、生活必需品の衝動買い（非計画購買）の平均意思決定時間は一二秒以下であり、多くの購入は五秒以内に即決すると指摘している。一商品の買い物に費やす時間が五秒というのは、非常に短い時間である。では、消費者はこの時間にどのような購買行動を起こしているのだろうか。それを理解するには、流通経済研究所による「スーパーでの購入検討商品数」が参考になる。（図2）

このグラフから、スーパーで買い物をする消費者の約

七割が購買意思決定場面において一ブランドしか購入検討していないことがうかがえる。つまり、類似商品を比較することなく購入に至っているのである。

ではこれらの状況を踏まえたうえで、マーケティングの主体である企業はどのように対応していけば良いのか。須永（二〇一八）は「店舗内で買い物客が迅速に製品を検出できることは、メーカーにとって一つの競争優位になりうる。」と指摘している。コンビニエンスストアにおける在庫約三〇〇〇点、大型スーパーにおける在庫約三万点の中から、顧客が瞬時に欲しい商品を見つけ出すのに重要な目印とは何か。店頭で商品の中身が直接見えることはほぼない。そこで重要になるのが、商品自体の見える形といわれるパッケージである。昔ながらの八百屋・魚屋・肉屋といった専門店からスーパーへ買い物の主流が移った理由は、セルフセレクションが導入されたことにある。そして、そのセルフセレクションを可能にしたのがパッケージであった。「見られない商品は買われない」との言葉が昔からあるように、セルフセレクションが主流の店頭でいち早く自社商品を見つけてもらうには、商品の外見であるパッケージの視認性を高めることが重要な意味をもってくるのである。脳神経科学の視点を用いてマーケティング研究を行うニューロ・マーケティング研究者である都（二〇一七）も「パッケージは、ごく短時間のうちに購入を誘発する決定的な要因である」と指摘している。

商品パッケージは、中身を保護したり、取り扱い利便性を高めたりするだけではなく、店頭において消費者からの瞬間視を獲得し、ブランドの再認を促す手段として再注目されている。一昔前までのパッケージの研究は、ロゴのデザイン性、シズル写真の配置などの個別要素に分解してその効果を指摘するものが大半であった。しかし近年、Orth and Malkewitz (2008) がパッケージを要素ごとではなく全体として捉える「ホリスティック・パッケージ・デザイン」の考えを提唱し、新たな視点でパッケージ研究が進められている。この考え方は、「全体は個別の集合ではない」とするゲシュタルト心理学に近い。

今回はこのアプローチ方法を用い、商品ブランドのパッケージがどれほど消費者のブランド再認に貢献しているのかを実験調査の結果とともに解説していく。また、ブランド再認効果の高いパッケージには、どのような共通点があるのかも合わせて検証していく。

三．パッケージのブランド再認効果を明らかにする実験調査

現代消費者の購買行動には共通する特徴があった。それは、商品を比較せずに、短時間で、店内において購買決定を行うという事実である。そしてこれにメーカー側が対処する施策が、ブランドを瞬間的に再認識させるパッケージのマネジメントである。近年のホリスティック・パッケージ・デザイン・アプローチの視点では、個別パーツの効果を見るよりも、パッケージ全体の雰囲気が消費者に与える効果や影響を考えることが重要であるとしている。本研究もその方向性に同意し、パッケージ全体の雰囲気でブランド再認をさせることが可能かどうか、実験調査を通じて検証を行った。

(1) 実験調査の目的

消費者がパッケージを通じてブランドを認識する際、ホリスティック・パッケージ・デザイン・アプローチを採用しているのかどうかを確認することが主目的である。また副次的目的として、ブランドを認識しやすいパッケージにおける消費者側要因による共通要素を探りだすことも想定している。

(2) 実験刺激

実験刺激物には、低関与最寄り品であり、昔から馴染みのあるブランド三〇品目のパッケージ・デザインを採用した。多くの消費者が買い物をするスーパーやコンビニエンス・ストアでの取り扱い品目の大半が、低関与最寄り品であるからだ。各企業ホームページなどに掲載されている三〇品目のパッケージ画像をもとに、一時的なキャンペーン情報とブランド名ロゴを削除し実験刺激画像とした。キャンペーン情報自体は、本来のパッケージ・デザインにないものなので削除した。またホリスティック・パッケージ・デザイン・アプローチの効果を検証するため、ブランド名を表示したままではパッケージの全体的雰囲気からブランド再認が行われたのか、ブランド名を読んでからブランド認識が行われたのかが判別できないため、ブランド名も削除した。たとえブランド名を削除しても、パッケージの全体的雰囲気からブランド再認が行われれば、消費者はパッケージをホリスティック的に認識し、そこからブランド再認が行われたという検証になるからだ。商品の選定には、幅広い年齢の被験者を想定し、年配者にとって馴染み深いと思われるブランドから、若年層にとって馴染み深いと思われるブランドまでを選ん

図3　実験刺激パッケージ画像

だ。また、飲食物以外のブランドも若干であるが選定した。以下が、今回の実験刺激の一覧である。（図3）

(3) 被験者

今回は、都心在住の一〇代から五〇代までの男女七三名（男性二六名、女性四七名：一〇代五名、二〇代二一名、三〇代一三名、四〇代二〇名、五〇代一四名）に被験者とした参加いただいた。

(4) 実験手順

実験期間は二〇一九年一〇月一九日から一一月二三日までとした。手順として、個室（大部屋の場合、個別に）に一名づつ被験者を招き入れ、実験手順の説明を行い、アイ・トラッキング・カメラ（Tobii Pro）が装着された実験用ノートPCの前に着席してもらった。次に、被験者眼球とカメ

（表1）ブランド名削除パッケージに対するブランド再認率　（n＝73）

順位	1	2	3	4	5	6	7	8	9	10
ブランド	きのこの山	バーモントカレー	小枝	ブルガリアヨーグルト	歌舞伎揚げ	正露丸	ポンジュース	ミルキー	リポビタンD	ビスコ
再認率	94.52	92.86	90.41	89.04	88.57	87.88	87.50	87.32	86.30	82.19
再認者数/認知者	69/73	65/70	66/73	65/73	62/70	58/66	63/72	62/71	63/73	60/73
順位	11	12	13	14	15	16	17	18	19	20
ブランド	MONO	スニッカーズ	アタック	のりたま	パイの実	アーモンドチョコレート	オロナインH軟膏	キシリトール	m&m's	アルフォート
再認率	80.82	78.13	78.08	72.60	72.60	72.22	71.67	69.86	69.01	67.61
再認者数/認知者	59/73	50/64	57/73	53/73	53/73	52/72	43/60	51/73	49/71	48/71
順位	21	22	23	24	25	26	27	28	29	30
ブランド	コーンフレーク	リッツ	ルマンド	キャラメルコーン	チップスター	ホームパイ	野菜生活	たべっこ動物	クールミントガム	ホワイトロリータ
再認率	65.22	64.38	63.24	61.11	60.27	56.06	52.86	50.00	43.33	18.64
再認者数/認知者	30/46	47/73	43/68	44/72	44/73	37/66	37/70	36/72	26/60	11/59

ラのキャリブレーションを行い、実験刺激物提示のタイミングに慣れてもらうため実験刺激以外画像を提示した練習に参加してもらった後、本調査に入った。被験者にはPC画面に表示されたパッケージを見てブランド名が分かった後、解答用紙に記入してもらった。順序効果を考慮し、約半数のところで画像の提示順を変えている。またアイ・トラッキング・カメラによる実験終了後、三〇ブランドへのパッケージに対する好意度、商品の購入頻度、商品自体の好みも回答してもらった。

四．実験調査の結果

実験調査は、最初の説明からアイ・トラッキング・カメラとのキャリブレーション、練習を経てようやく本調査実施とプロセスが多く、結果的に一人当たり約二〇分ほどかかってしまった。しかし年齢、性別まで幅広い被験者に協力していただき調査を終えることができた。調査結果を、ブランド再認率の高い順に表示したものが表1である。

(表２）ブランド再認率と他要因との相関関係

	ブランド再認率	パッケージの好意度	商品自体の消費頻度	中身への好意度
ブランド再認率	1.00			
パッケージの好意度	0.26	1.00		
商品自体の消費頻度	0.21	0.47	1.00	
中身への好意度	0.10	0.56	0.89	1.00

ここに示されている再認率とは、商品認知者を母数にしたブランド認知者の割合である。実験刺激には予め馴染み深いロングセラー・ブランドを選んでいたが、やはり年代によって認知しているブランドと、そうでないブランドが混在する結果となった。正露丸は正解率が高かったが、被験者全員がそもそも認知しているブランドではなかった。オロナインH軟膏やコーンフレーク、クールミントガム、ホワイトロリータも、若年層には知られていないが年配層には認知の高いブランドであることが改めて明らかになった。

調査結果から、１／３以上のブランドにて、約七割の被験者がブランド再認に成功している様子がうかがえた。ブランド名表示がないにも関わらず、三〇ブランド中二八のブランドにて半数以上の被験者がブランド名を正確に再認できていた。今回の結果は、実際の購買場面において消費者がホリスティック・パッケージ・デザイン・アプローチを行っていることを裏付ける形となった。消費者は店内で購入ブランドを決める際、他ブランドとほぼ比較をせず、お目当てのブランドか、自身の内部記憶内にあるブランドであることをパッケージ・デザインの全体的雰囲気から再認している様子がうかがえた。きのこの山であれば、横長のパッケージと黄色主体の色彩、そして中身のきのこシズル画像といった全体的雰囲気がブランド再認を促進したと考えられる。実はロング

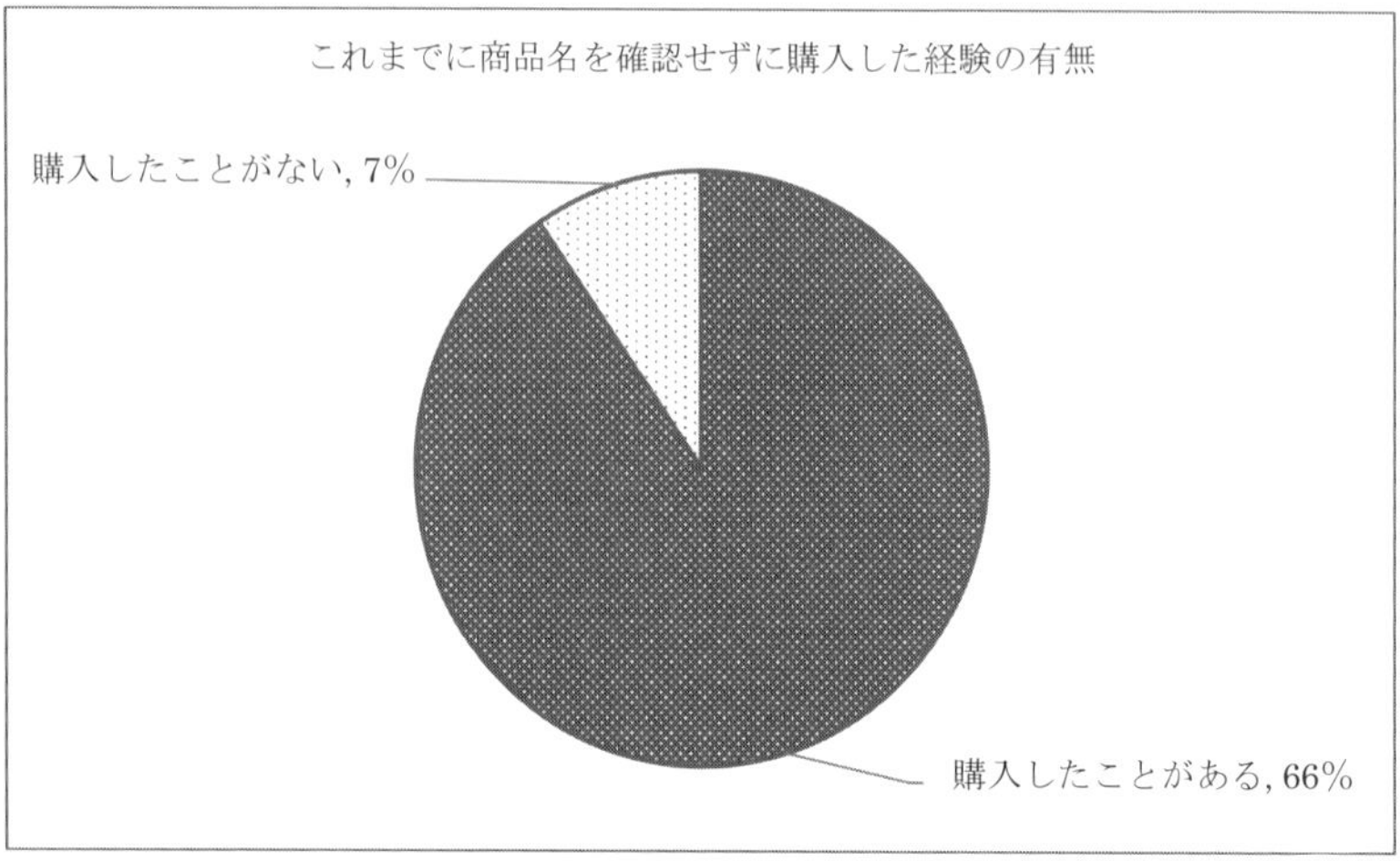

（図４）商品名を確認せずに購入した経験の有無　（n=73）

セラーになっているブランドには、このように発売以来変わっていないデザインの部分がブランド再認のキーポイントになっている場合が多い。ＭＯＮＯ消しゴムの太い二本線や歌舞伎揚げの緞帳柄、キャラクターのペコちゃんやビスコ坊やがそれに該当する。

今回は副次的調査として、別途これら三〇ブランドに対して、パッケージの好意度、商品を消費した（食べたり、飲んだり、使ったり）頻度、そして中身自体への好感度を測定している。パッケージの好意度は「とても好き」から「とても嫌い」まで五段階で、商品の商品頻度は「よく消費（食べた、飲んだ、使った）した」から「消費（食べた、飲んだ、使った）しなかった」まで五段階で、中身への好感度は「すごく好き」から「すごく嫌い」まで五段階で回答してもらった。これらの回答とブランド再認率との相関関係を分析した結果が表２である。

相関分析の結果、係数が〇・二を超えていたのがパ

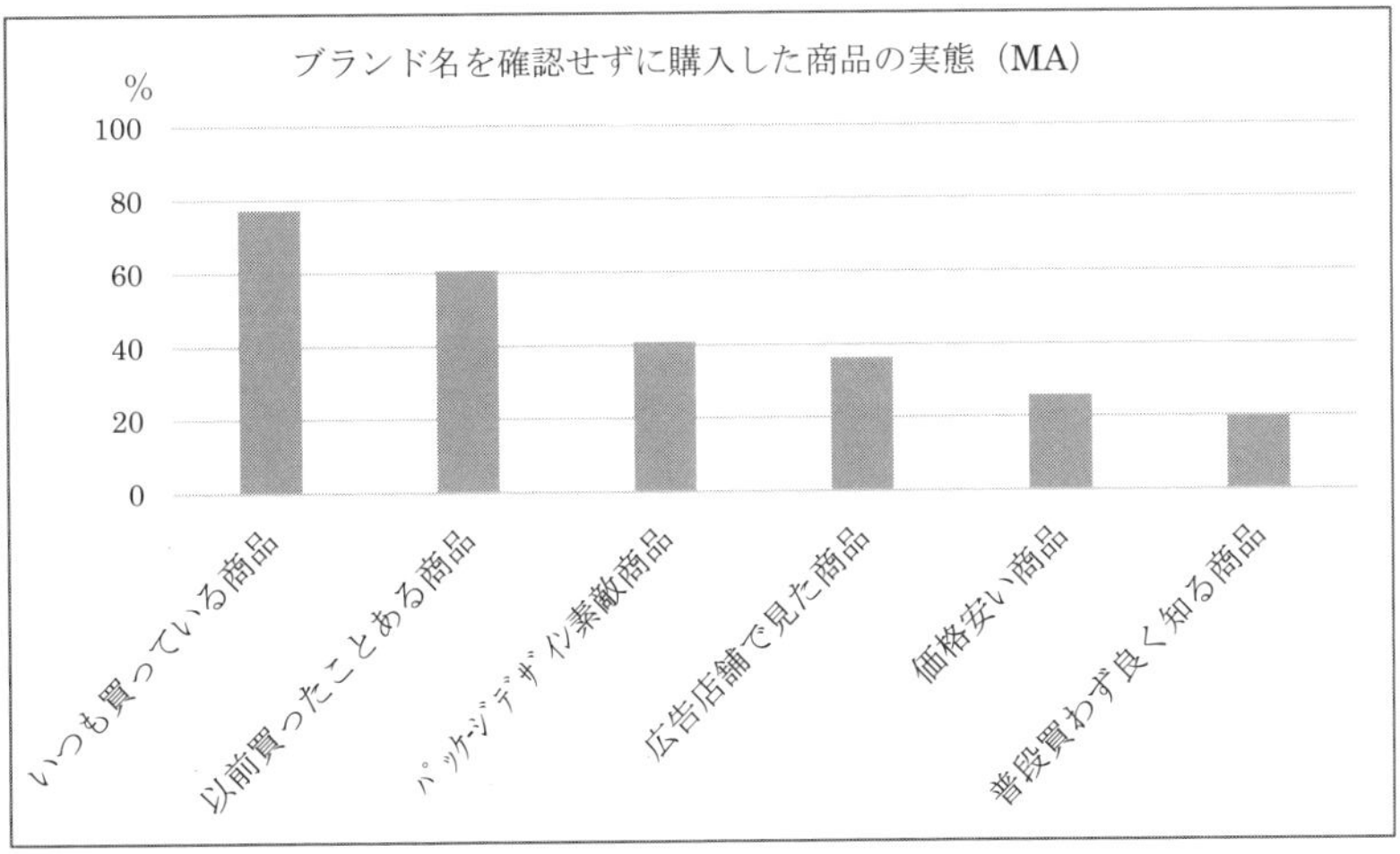

（図５）ブランド名を確認せずに購入した商品の実態　(n=66)

ッケージの好意度と商品自体の消費頻度であった。つまり、パッケージデザイン自体が好きで、且つ中身をよく食べたり、飲んだり、使用していたブランドに対して、ブランド名無しの状態でもブランド再認が促進されるという傾向が見られたのである。好きなブランドに対して再認率が高いのはもっともであるが、中身への好意度よりもパッケージの好意度の方がブランド再認に寄与する率が高かったことは興味深い事実である。

ここでひとつ疑問が沸くかもしれない。確かに今回の調査結果では、ブランド名無しの状態でブランド再認率が高い結果が示された。しかし本当に消費者は実際の購買場面において、ブランド名をよく確認せずに購入することがあるのだろうかという疑問である。そこで今回は、この疑問にも答えるべく調査項目を設定している。図４がその結果である。

また、商品名を確認せずに購入した経験のある被験

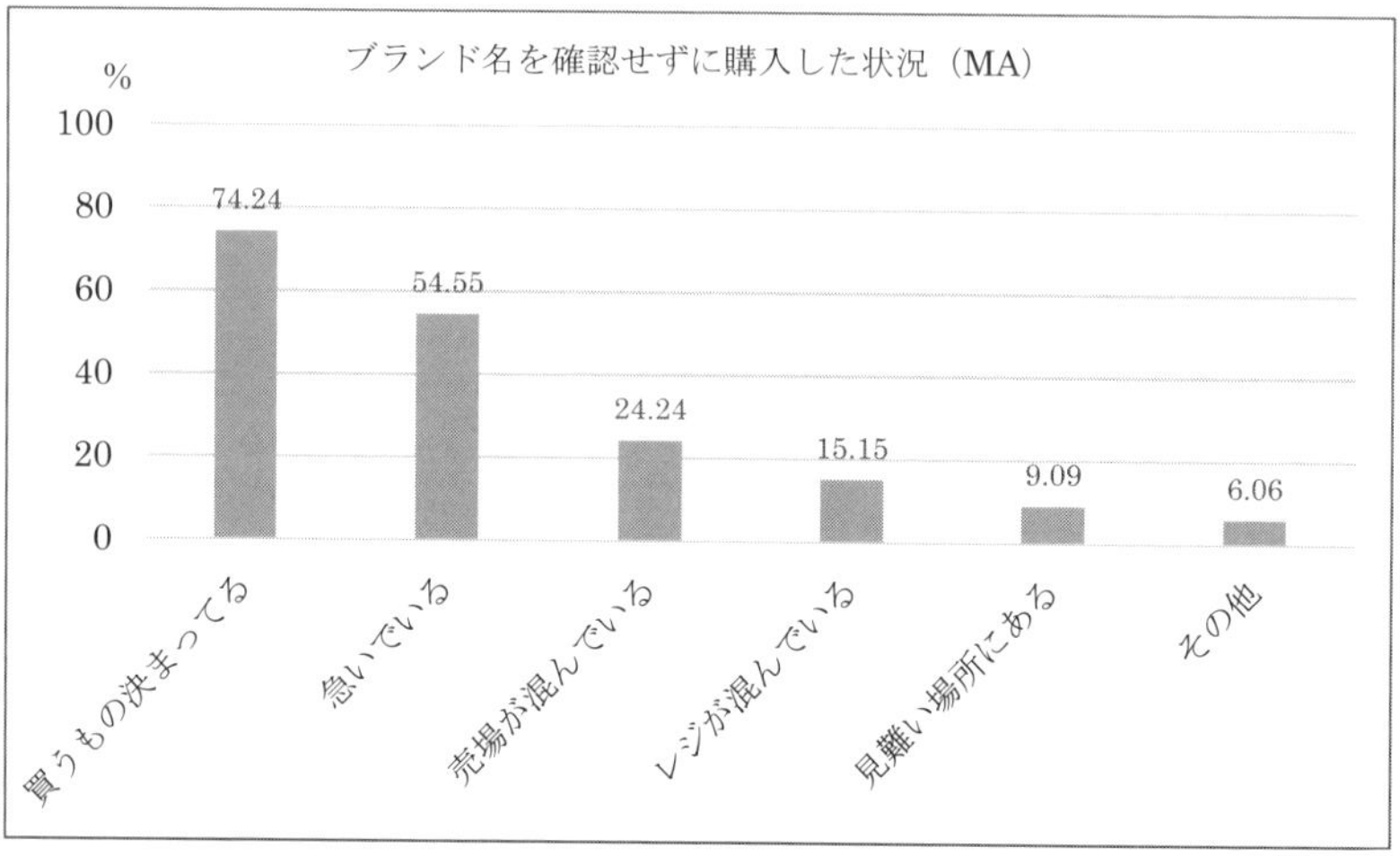

（図６）ブランド名を確認せずに商品を購入した状況　(n=66)

者六六名に、どのような商品だったかを確認した回答が図５である。

この結果から、約八割の消費者がいつも買っている商品の購入時に、また約六割が以前買ったことのある商品の購入時に、ブランド名を確認することなく購買意思決定を行っていたという事実が判明した。

次に、ブランド名を確認せずに商品を購入した時の状況についての回答がある。（図６）

上記グラフから、約七割の消費者は買うものが決まっている時、また約五割の消費者は急いでいる時に、ブランド名を確認せずに購入していることが明らかになった。また少数ではあるが、約二割の消費者は売場やレジが混んでいる状況においてもブランド名を確認せず、パッケージの雰囲気で購買意思決定を行っていることも分かった。

五．実務へのインプリケーション

ウェブビジネスの台頭により、ネット通販など新しい小売業態が誕生した現代でも、大半の消費者はスーパーやコンビニエンスストアで昔ながらの購買行動をとっていた。特にそれらの小売業態で購入される低関与最寄り品の購買行動においては、事前に計画せず、比較せず、よく確認せずに行われていることが判明した。このような状況下、メーカーが消費者に対応し、自社ブランドを選択してもらうにはパッケージが売り場で存在感を示し、ブランド名を確認しなくともブランド再認ができるデザイン・マネジメントを行っていくべきことが明らかになった。具体的には、商品の美味しさや中身の機能を説明するコピー作成にプライオリティを置くのではなく、売り場でブランド再認を促進し、好意度が高まるようなパッケージ・デザインの開発を目指すことの方が重要なのである。またロングセラー商品においては、これまで培ってきたブランドらしさを演出しているデザイン部分を踏襲しながら、微妙に鮮度を与えたデザインを開発していくことが、今後益々重要になってくるのである。

【謝辞】
本研究は JSPS 科研費　JP18 K 01884 の助成を受けたものです。感謝申し上げます。

〈注釈〉

注１：その他（九八兆八、一〇九億円）に含まれる小規模スーパー、衣料専門店、自動車小売店、燃料小売店は、個別業態の詳細数値が不明の為、ここでは除外している。

注２：最小管理単位（Stock Keeping Unit）の略であり、商品の在庫管理をするために必要な最小識別単位のこと。Ｔシャツ一つにサイズが三つあれば、3SKU となる。

〈引用文献〉

・Dickson, Peter R. and Alan G. Sawyer (1999)、" The Price Knowledge and Search of Supermarket Soppers," Journal of Marketing, 54, 42-53

・Orth and Malkewitz (2008) " Holistic Package Design and Consumer Brand Impressions" . Journal of Marketing , 72(2), 64-81

・経済産業省（二〇二〇）「電子商取引に関する市場調査二〇二〇年」（https://www.meti.go.jp/press/2020/07/20200722003/20200722003.html ： 2020.9.22 閲覧）

・経済産業省経済解析室（二〇二〇）「二〇一九年小売業販売を振り返る」経済産業省

・須永努（二〇一八）『消費者理解に基づくマーケティング』、有斐閣、P95

・都世蘭（二〇一七）『ヒットを生み出すニューロマーケティング戦略』、インプレス R&D、P41

・流通経済研究所（二〇一六）『インストア・マーチャンダイジング』日本経済新聞出版社

【ソシオ情報シリーズ20】コロナ禍と社会デザイン

執筆者一覧

林　俊郎	第1章	目白大学名誉教授	社会情報学
木村　由紀雄	第2章	目白大学名誉教授	証券経済学
廣重　剛史	第3章	目白大学准教授	社会哲学、社会デザイン
星　玲奈	第4章	目白大学専任講師	栄養教育
森　幹彦	第5章	目白大学准教授	教育学習支援システム
小山田　雄仁	第5章	鳥取大学助教	コンピュータビジョン
前波　晴彦	第5章	自然科学研究機構准教授	科学社会学
藤巻　貴之	第6章	目白大学専任講師	社会心理学
竹山　賢	第7章	目白大学専任講師	建築学、デザインプロデュース
柳田　志学	第8章	目白大学専任講師	国際ビジネス、サービスビジネス
長崎　秀俊	第9章	目白大学教授	マーケティング、ブランド戦略

ソシオ情報シリーズ1〜19　目次総覧

ソシオ情報シリーズ1

社会情報の眼

1 「肺がん」を蔓延させたある情報操作（林　俊郎）
2 情報社会と消費者（橋本洋子）
3 情報化社会の特徴と新しいビジネス（里田武臣）
4 少子高齢化と福祉時代（山崎令氏）
5 オープンソース的なインターネット社会（宮田学）
6 コンピュータネットワークとウィルス（新井正二）
7 楽しく、役立つ情報教育に向けて——落語鑑賞とチーム発表を取り入れた「プレゼンテーション」講座——（海老澤成享）
8 こころ・もの・ことば——言語情報論——（橋詰静子）
9 日本語の感性・英語の発想（眞田亮子）
10 非言語コミュニケーションの科学（渋谷昌三）
11 衣服が伝えるメッセージ（大枝近子）
12 生活の中のイメージカラー（松川秀樹）

ソシオ情報シリーズ2

情報のリスク

1 検証　メス化現象——環境ホルモンより怖いはなし（林　俊郎）
2 生活の中のリスク——ホームセキュリティサービス（橋本洋子）
3 モノづくりにおける企業経営倫理とリスクヘッジ（山崎令氏）
4 企業ブランド戦略——そのリスクとメリット（松川秀樹）
5 有機農産物安全神話の虚構（蒲生恵美）
6 奥日光の立ち枯れ——情報の視点から（新井正二）
7 AQ逆境指数（渋谷昌三）
8 文化問題としてのメディア改革——台湾の場合（丸山　勝）
9 新聞小説に見るリスク——マスコミ情報学一斑（橋詰静子）
10 インターネット社会における情報交換の匿名性について（宮田　学）
11 スカーレットとの出会い——現代っ子とハングリー精神（眞田亮子）
12 衣服と流行——ファッション・リスクとしての流行（大枝近子）

ソシオ情報シリーズ3

情報の「ウソ」と「マコト」

序　〈トンデモ〉本をめぐる「ウソ」と「マコト」（林　俊郎）
1　ダイオキシン訴訟（林　俊郎）
2　情報ハンディキャップ（宮田　学）
3　『恋のエージェント』サイト」の落とし穴（新井正一）
4　Webデザインの「よい」と「わるい」？（松川秀樹）
5　ネット取引と消費者トラブル（里田武臣）
6　遺伝子組み換え食品表示の「ウソ」と「マコト」（蒲生恵美）
7　コミュニケーションは会話から（海老澤成享）
8　マネーをめぐる情報の「ウソ」と「マコト」（木村由紀雄）
9　リコール・社告の実態（山崎令氏）
10　コンビニの利便性とリスク（大枝近子・橋本洋子・林　知子）
11　聴こえない英語の音（眞田亮子）
12　子どもの言い訳と嘘・ごまかし（渋谷昌三）
13　「神話」形成の光と陰――立原正秋「剣ヶ崎」を読む――（橋詰静子）

ソシオ情報シリーズ4

情報を斬る

序　社会情報学への挑戦（林　俊郎）
1　情報の真偽と勘違いの心理学（渋谷昌三）
2　高校生の制服支持の背景（大枝近子）
3　色――その科学的存在と私たちのかかわり（松川秀樹）
4　「情報の伝え方」に挑む「サイエンス・コミュニケーション」（藤谷　哲）
5　事業に一大転機をもたらす情報――起死回生の物語（高谷和夫）
6　顧客満足度向上へのパラダイムシフト（山崎令氏）
7　インターネット社会でのボランティア活動（宮田　学）
8　BSE全頭検査の落とし穴（蒲生恵美）
9　環境情報とユビキタスネット技術（新井正一）
10　「めぐり逢い」三回作られた映画（眞田亮子）
11　建物は知っている――明治村トポグラフィー（橋詰靜子）
12　回想――四五年をふりかえる（海老澤成享）

ソシオ情報シリーズ5

情報を科学する

序　背信の科学者（林　俊郎）
1　リスク評価の盲点（林　俊郎）
2　人づきあいにみられるリスク（渋谷昌三）
3　少年院小説『冬の旅』の情報力（橋詰靜子）
4　耐震偽装の「素」（野田正治）
5　衣服のボーダレス化（大枝近子）
6　Ｗｅｂデザインのみやすさ、わかりやすさ（松川秀樹）
7　ネット・オークションと消費者トラブル（里田武臣）
8　消費生活用製品における消費者への情報提供と危害防止の視点（山崎令氏）
9　トレーサビリティシステムって何？（蒲生恵美）
10　理科離れを考える（新井正一）
11　大学でマーケティングを学ぶ意味（高谷和夫）

ソシオ情報シリーズ6

火の人類進化論

第1部　新説　人類進化論
——脳の急進化の謎に迫る——（林　俊郎）
第2部　シンポジウム
「母性と乳児哺育
——社会現象との相関を考える——」
基調講演　人類進化と母乳〔林　俊郎〕
講演　お産のケアと乳児哺育〔戸田律子〕
講演　乳児哺育と〝ＨＵＧ〟〔橋本武夫〕
講演　母乳育児の社会学〔本郷寛子〕
シンポジウムの反響〔松川秀樹〕
補論　青年期の問題行動と幼児期の生活（羽田紘一）
〈人工授精児〉のゆくえ（橋詰靜子）

ソシオ情報シリーズ7

環境ファディズムの恐怖

1 環境ファディズム（林　俊郎）
2 社会志向型マーケティング・コンセプトの時代（高谷和夫）
3 家――その価値（野田正治）
4 歴史・社会・個人（橋詰静子）
5 社会情報とファディズム（松川秀樹・石丸　梓）

ソシオ情報シリーズ8

社会情報の論点

1 日本民族発祥の地（林　俊郎）
2 日本の喫煙規制対策を振り返って（渡辺文学）
3 日本における受動喫煙問題について（中田ゆり）
4 こどもの環境と病気（林　俊郎・高橋美登梨）
5 『洲崎パラダイス』、特飲街の女の生命観（橋詰静子）
6 自己呈示で情報を操作する（渋谷昌三）
7 グーグル（google）にみる情報の質（宮田　学）
8 色彩情報の整理と生活に生かす色（松川秀樹）
9 「NPO」を理解する（田中泰恵）
10 メディアのパーソナル化をどうとらえるか（内田康人）
11 居酒屋で学ぶ経済学（石丸　梓）

ソシオ情報シリーズ9

情報の人心誘導

1 世論操作（林　俊郎）
2 人類進化からみた衣服の起源（林　俊郎・高橋美登梨）
3 万葉歌「田子の浦」の謎――文学の情報には舞台背景となる環境や建築を蘇らせる力がある（野田正治）
4 俳諧紀行のこころとことば――芭蕉と透谷の「松島」情報（橋詰静子）
5 自他の情報を制御する方略（渋谷昌三）
6 消費動向を見る眼（木村由紀雄）
7 情報と生活・社会の関係性を探る（田中泰恵）
8 衣服による情報の特異性（大枝近子）
9 デザインと今――デザインを活かす視点と、色彩基礎研究の一考察から考える（松川秀樹）

ソシオ情報シリーズ10

風評被害の深層

1 流言蜚語（林　俊郎）
2 「日本人の視点」序説（野田正治）
3 明治二十二年、透谷・子規の箱庭（橋詰静子）
4 絵本の電子書籍化（宮田　学）
5 シティズンシップ教育の意義（田中泰恵）
6 衣服のリサイクルの現状と課題（大枝近子）
7 2010年代のデザインへの視点（松川秀樹）
8 氷河時代の就職活動――就活3つの原則（高谷和夫）

ソシオ情報シリーズ11

未体験ゾーンに突入した日本

1 未体験ゾーンに突入した日本（林　俊郎）
2 日本人の視点（野田正治）
3 武蔵野遠く春来れば——郊外の発見、『武蔵野』を読む（橋詰靜子）
4 ピクチャー・ブック（絵本）からフリー・ブック（自由絵本）へ（宮田　学）
5 情報操作でその気になる・させる（渋谷昌三）
6 リアル・クローズの行方（大枝近子）
7 色彩の心理と生理的反応の一考察——社会情報の視点から（松川秀樹）
8 情報としての食品表示（田中泰恵）
9 消費者の貯蓄から投資へのシフトはなぜ進まなかったのか（木村由紀雄）
10 日本社会における相互依存的消費の背景（加藤祥子）
11 氷河時代の就職活動Ⅱ——社会に通用する人になろう（高谷和夫）

ソシオ情報シリーズ12

放射能への恐怖

1 放射能への恐怖（林　俊郎）
2 過去に学ぶ『三陸海岸大津波』と透谷・芭蕉・石牟礼道子（橋詰靜子）
3 小説に見られる社会情報的視点——「つながり」をキーワードとして——（松川秀樹）
4 日本的考える力（野田正治）
5 女性の脚衣の源流としてのトルコ風ズボン（大枝近子）
6 脱コモディティ化のマーケティング戦略（高谷和夫）
7 日本人の消費に見られる「横並び志向」の潮流——概念的整理を中心に——（加藤祥子）

ソシオ情報シリーズ13

社会をデザインする

1　ソーシャルデザインと社会情報の一考察（松川秀樹）
2　社会デザインの潮流（田中泰恵）
3　東日本大震災復興の現在点――陸前高田市の復興計画課題を中心に――（藤賀雅人）
4　コミュニケーション力の社会心理学的考察（渋谷昌三）
5　ネット上の集合・群集行動――ネットではなぜ過激化しやすいのか――（内田康人）
6　消費者はなぜ人と同じものを欲しがるのか？――無意識における知覚的流暢性とプライミングの効果――（加藤祥子）
7　狂った脳内時計（林　俊郎）
8　市場経済との付き合い方――日本人に求められている姿勢とは――（木村由紀雄）
9　日本のファッションデザインにおける「和」の表現（大枝近子）
10　子ども服の変化――一九八三年と二〇一三年の比較――（高橋美登梨）
11　酒の文化（高梨宏美・林　俊郎）
12　＜渡し守＞考――二世を生きる思想――（橋詰静子）
13　日本的考える力　その二（野田正治）

ソシオ情報シリーズ14

社会デザインへのアプローチ

1　＜社会感性＞とソーシャルデザイン（松川秀樹）
2　法隆寺コード　序章（野田正治）
3　明治十八年の富士登山記――うけつぐ心――（橋詰靜子）
4　迷走する「朝日新聞」（林俊郎）
5　戦後都市デザインの要素としくみ（藤賀雅人）
6　ＰＢ商品の過去・現在・未来（高谷和夫）
7　ＣＳＲとブランディング（長崎秀俊）
8　アパレルショップのＶＭＤ――ユーカリプラザ内Ｆ店の売り場を演出する――（大枝近子・高橋美登梨）
9　イノベーションの発展と雇用、就活（木村由紀雄）
10　コミュニケーション・スキル学習のためのワークシート（渋谷昌三）

ソシオ情報シリーズ15

社会情報学から社会デザインへ

1　ソシオ情報シリーズの変遷と社会デザインへの視点（松川秀樹）
2　二十一世紀の奇跡――エネルギー革命がもたらす新世界――（林　俊郎）
3　ソーシャルデザインの学び（田中泰恵）
4　ソーシャルな空間とは？――墨田区のアートスペースを中心に――（藤賀雅人）
5　持続可能な地域社会のデザイン――東北の防潮堤問題と「椿の森プロジェクト」――（廣重剛史）
6　対話に役立つ心理的な環境要因（渋谷昌三）
7　エシカルファッションの現状と課題（大枝近子）
8　企業のCSV活動が購買意思決定に与える効果の要因（長崎秀俊）
9　移りゆく女性向け二次創作――ネットメディアが変える腐女子の姿――（瀧澤千佳）
10　篠田桃紅と桃紅処士（橋詰靜子）

ソシオ情報シリーズ16

社会デザインと教養

1　教養としてのプログラミング教育（新井正一）
2　哲学史入門――現代社会と「私」を考えるために――（廣重剛史）
3　アベノミクスを受け入れた社会（木村由紀雄）
4　悪法のシナリオ（林　俊郎）
5　2021年以降の木造密集市街地の暮らし（藤賀雅人）
6　人はパッケージのどこを見ているのか（長崎秀俊）
7　絵本を「持ち替える」（宮田　学）
8　イスラームファッションの現在と今後――トルコを事例として――（大枝近子）
9　高齢期の社会心理（渋谷昌三）
10　作家　佐藤愛子と『晩鐘』（橋詰靜子）

ソシオ情報シリーズ17

社会デザインの多様性

巻頭言（松川秀樹）
1 日本医療の大革命――糖尿病とダイエット（林 俊郎）
2 エシカルファッション推進のために（大枝近子）
3 クレーム研究とソーシャルデザイン（田中泰恵）
4 社会を生き抜くためのポジティブ心理学（藤巻貴之）
5 LGエレクトロニクス社のグローバル・ブランド戦略（長崎秀俊）
6 外食サービス企業の国際化における考察――東南アジア諸国を事例として――（柳田志学）
7 人手不足問題の行方――その社会的な影響を探る（木村由紀雄）
8 フィンランド・デザイン その優れたデザインが創出される背景――フィンランド独立100周年の節目に――（竹山 賢）
9 『特色ある建築・都市空間のためのゾーニングのあり方』（藤賀雅人）
10 北村透谷の言語形成過程・富士登山の漢詩を読む（橋詰静子）

ソシオ情報シリーズ18

エシカル消費と社会デザイン

―社会情報学の展開―

巻頭言（林 俊郎）
1 消費行動による社会デザイン――「エシカル消費」の意義――（田中泰恵）
2 エシカルファッションの可能性（大枝近子）
3 中国市場における資生堂のブランド戦略（長崎秀俊）
4 東南アジア4ヶ国の外食サービス企業に関する比較研究（柳田志学）
5 「デザインの力」を活用した防災ツールの提案（竹山 賢・吉岡由希子・藤巻貴之）
6 グループワークにおける会話の定量評価の試み（宮田 学・秋本結衣）
7 対人関係から考えるポジティブ心理学（藤巻貴之）
8 世界政府幻想（林 俊郎）
9 働き方改革は日本を変える？（木村由紀雄）
10 「柳田素雄」のこと（橋詰静子）

ソシオ情報シリーズ19

社会情報の現場から

1　まやかしのがん情報――国が蔓延させた日本人のがん――（林　俊郎）
2　今後の衣生活の展望（大枝近子）
3　「コト」のデザインの広がり（田中泰恵）
4　子どもの貧困と食（星　玲奈）
5　矢祭町への農業体験研修について（星　玲奈・松岡　陽）
6　コミュニティ再生のための理論と実践（廣重剛史）
7　学生が地域活性化活動に参加する意義と効果測定への試案（藤巻貴之）
8　ゼミ活動におけるほめトレーニングの効果の検討（藤巻貴之・澤口右京）
9　文系学生に対するAI教育のあり方を探る（吉岡由希子・小川真里江・新井正一）
10　中国における世界最先端のマーケティング事例（長崎秀俊）

コロナ禍と社会デザイン　　ソシオ情報シリーズ 20

令和３年１月22日　初版発行

定価はカバーに表示してあります。

©編　者　　目白大学社会学部社会情報学科

発行者　　吉田敬弥

発行所　　株式会社 三弥井書店

〒108－0073東京都港区三田3－2－39

電話03－3452－8069

振替00190－8－21125

ISBN978-4-8382-3378-6 C0036　整版・印刷 エーヴィスシステムズ